松下圭一［著］

成熟と洗練

日本再構築ノート

公人の友社

まえがき

この本は、二〇〇六年からボツボツ、若い友人たちとの議論に触発されながら、対話をまじえて、私自身の考えをつづったものである。日本の「戦後」全体に話がおよんでいるので、若い世代の方々に、ぜひ目を通していただきたいと考えている。

だが、日記スタイルでは、日付からくる拘束があり、また最近の論点は〔補論〕とせざるをえないことにもなる。このため、日付を「〇月〇日」としたうえで、標題をつけ、日付からの拘束をはずしたかたちでの文章にした。転型期にある日本の再構築について考えることを主題とするため、思いなおして文体もノート型をこころみた。

本書の書名は『成熟と洗練＊日本再構築ノート』とした。この「成熟と洗練」という言葉は松下夏生さんの言葉をつかわせていただいている。ただし、本書では、この「成熟と洗練」について、定義はおこなっていない。定義をするとき、公理のような空文になってしまうからである。本書全体にわたる読後の体感として御理解いただければと、私としては考えている。本書にのべているように、「進歩と発展」の時代が終った日本では、《市民文化》の熟成としての「成熟と洗練」が今後のあり方をきめる。でなければ「日本没落」である。

二〇〇〇年前後から、日本社会の高齢化にともなう人口減少と経済縮小、劣化してムダづかいのため水膨れした政治ないし行政・財政の現実、見透しすらもてない雇用・福祉の再編、ついで日本全体における政治文化の官僚統治型から市民自治型への転換の緊急性というかたちで、日本はすでに転型期に入っている。亡国の前兆でもあるといってよい。

この《転型期》にある今日の日本では何が問題なのかをめぐって、《政治文化》を中心に老若の世代それぞれの視角からのオシャベリとして、本書をまとめている。それだけに、日々、日常での論点が、出ているはずである。時代状況の証言にもなっているとも考えている。なお、日本の転型・再構築については、拙著『転型期日本の政治と文化』(二〇〇五年、岩波書店)も参照いただきたい。また、私の回想には『現代政治＊発想と回想』(二〇〇六年、法政大学出版局)、『自治体改革＊歴史と対話』(二〇一〇年、同)がある。

この本については、私はどこからでも読みはじめ、あるいは拾い読みでもよいようにと、考えている。また、いわゆる「茶の間」のオシャベリのかたちでこそ、市民としての「成熟と洗練」のあり方をとらえうるかもしれないという、期待もある。読みかえしてみると、転型期日本についての新しい諸論点をふくめて、私なりに、政治についての考え方のまとめとなっているようにも、思えている。なお、カバーの装画は松下黄沙による。いつもながら感謝する。

出版にあたっては、若い日々からの友人、公人の友社社長武内英晴さんに組み方など格段の御苦労をおかけしたが、あらためてお礼もうしあげたい。

二〇一二年七月

松下　圭一

成熟と洗練＊日本再構築ノート

目次

まえがき
〔1〕「市民」と「大衆」との間　1　〔2〕〈小泉劇場〉と自民党の盛衰　3
〔3〕サポーターたちの文化革命　5　〔4〕オカミは「悪をなさず」　7
〔5〕官僚外交の背景を考えなおす　12
〔6〕イズムから政策・制度の選択へ　17　〔7〕市民の可能性と世代経験
20　〔8〕社会理論用語の移りかわり　21　〔9〕《東日本大震災》をどう
とらえるか　24　〔10〕「政権交代」がしめす《自民党ボケ》　30

〔11〕**仲よきことはよきかな**　35　〔12〕地域活性化のシンポジウムと《自治体改革》　36　〔13〕政治家はナグラレ屋　40　〔14〕「都市型社会」における危機管理　43　〔15〕国家統治から《多元・重層》政治へ　49

〔16〕**管理・連合ついで簿記**　54　〔17〕正統理論の病理学と日本の政党　55　〔18〕ヘーゲル、ハイネとドイツ　58　〔19〕行政会計制度は時代オクレ　60　〔20〕トクヴィルによる「分節政治」発想　64

〔21〕**加害・被害と市民社会の論理**　68　〔22〕サラバ客観・中立・厳密信仰　68　〔23〕〈政府・行政改革〉と政治家の覚悟とは　71　〔24〕政策・制度づくりと「知識人」　76　〔25〕《思いつき政治屋》と自治体計画　78

〔26〕**社会理論と市民型政治家の思考**　82　〔27〕歴史・構造、政策・交渉、制度・手続　84　〔28〕市民活動は衰退したのか　87　〔29〕餅状のムラ・砂状のマス　90　〔30〕行政は劣化どころか崩壊　94

〔31〕官僚の生態露呈は日本転型の始まり　96　〔32〕緑のネットワークと地域景観　102　〔33〕経済成長は各国で同型的か　105　〔34〕マルクスの論理は市民社会型　108　〔35〕国の政治・行政と〈官僚法学〉　110
〔36〕官僚内閣制への逆モドリとなるか　114　〔37〕立法は政府の権限・財源を付与・剥奪　117　〔38〕市民の個人徳性と政治徳性　122　〔39〕今日性をもつ政体分類論　123　〔40〕伝統指向と市民文化の分裂　124
〔41〕日本文化はいつつくられたのか　127　〔42〕戦後農業政策とパイオニア農民　131　〔43〕政策・制度は市民の「必要」　136　〔44〕ルービンシュタイン現象とは　138　〔45〕国家社会主義と市民社会主義　139
〔46〕職業倫理をめぐる個人責任　141　〔47〕論理極限と思考のバランス　146　〔48〕日本の裁判思想と市民社会　148　〔49〕《自民党史観》と世界地図　149　〔50〕認識主体の階層複合性　152

〔51〕「語学」教育崩壊と官僚思考　156　〔52〕国ホロビルトキ、基礎自治体カラ君子イズ　158　〔53〕3・11フクシマと《行政崩壊》　162　〔54〕価値観念=自由の制度化　169　〔55〕市民情報流が政治を変える　172

〔56〕政策法務・政策財務・政策数務　174　〔57〕政治の日常性とオールド・ライト　178　〔58〕「政治・行政悪」と闘うテレビドラマ　179　〔59〕市民政治と自治の機会・経験　183　〔60〕行政立案から国会・議会立案へ　184

〔61〕緑化にみる地域再生戦略　188　〔62〕政策史、政策理論、政策策定　191　〔63〕政治学は《社会工学》に変わる　194　〔64〕都市型社会のモロサと《自治・分権》　198　〔65〕占領・操作・同調政治と官僚再訓練　202

〔66〕デマゴーグと政治の微分化・積分化　204　〔67〕公民・館か、公・民館か　206　〔68〕世界政策基準と司法試験改革の失敗　209　〔69〕携帯電話の国際競争と国際標準　213　〔70〕格差社会のとらえ方、考え方　214

〔71〕東京圏で地震がおきたら　219　〔72〕危機管理にみる予測と調整　226
〔73〕政治リアリズムと議員たち　230　〔74〕旧「三権分立」論と『日本国憲法』　233　〔75〕格差社会を再論する　239
〔76〕国会内閣制と《憲法運用改革》　243　〔77〕「シビル・ミニマム」の考え方　247　〔78〕「没落と焦燥」か、「成熟と洗練」か　254

○月○日

〔1〕「市民」と「大衆」との間

市民という言葉は、今日、キザだといって嫌いな人々もいるのだが、すでにマスコミでは市民活動の出発する一九六〇年前後から、ひろくつかう日常の日本語となった。かつて、福沢諭吉ら明治啓蒙期の翻訳用語としてつかわれ、その後は学術用語にとどまっていた。

Ｅ君は、私たち「庶民」ないし「大衆」が市民規範を意識して行動するとき、「市民」に〈なる〉のだという。たしかに、私たちが市民なのである。この論点を、「ひろくよまれる文章」として、どのようにのべるかが、今日の社会理論ないし政治学の「難問」だと、Ｅ君はつづける。

市民とは、〈自由・平等〉という日常感覚、ここからくる〈自治・共和〉の規範感覚、さらに市民自治型の〈品性・力量〉をもつ普通の「人々」、という文章にならざるをえないと、私はのべる。市民観念は「規範観念」だからである。Ｅ君は論点を的確にだしている。

この「難問」がひろく理解されるようになるには、今後も日本で時間がかかる。日常における《市民文化》の熟成、つまり生活現実ないし生活様式における〈市民性〉の成熟は、いわば生活慣習ないし躾の問題だからである。

ただ、「民主政治」という考え方自体、市民観念を設定しなければなりたたないことは、確認しておきたい。E君も民主政治は論理として、愚民からの出発はできないという。

ところで、若い世代は気づいていないだろうが、日本では戦前、臣民、国民にかくれていたのだが、「人々」(people)という意味での「人民」という言葉もあった。しかし、今日では死語になっている。戦後の一時、「人民の旗、赤旗は……」という歌詞とか、「人民民主主義」というようなかたちで、人民という言葉を当時、ソ連・中国モデルで日本共産党系の人々が多用したため、リンカーンの「人民の、人民による、人民のための政治」というかたちで、この言葉が学校教科書につかわれていたにもかかわらず、特異な語感をもつようになってしまったからであろう。この人民という言葉も、今日ではひろく《市民》に変わるのである。

市民には、たしかに独自の語感ないし文脈がある。マラソンの「市民ランナー」などは、企業ランナー、大学ランナーなどとは異なり、自主・独立という意味で爽やかな語感がある。一人一人の息吹き、人柄がうかんでくる言葉だからであろう。

そのとき、現代の《都市型社会》における「普通の人」つまり「生活者」である私たち〈市民〉は、各個人みずからの内部に、社会分業の深化からくるのだが、職業分化にともなう〈専門家〉、また日々所得が必要な〈勤労者〉という三面緊張をもつ。しかも、私たち市民一人一人は、その日、その日、自立・孤立の緊張のなかで、模索・試行という可謬性のなかで生きている。

○月○日

〔2〕〈小泉劇場〉と自民党の盛衰

B君も「大衆性」と「市民性」とはちがうと強調する。当然、現代型の大衆性は、伝統型の熊サン八ッァンの「庶民性」ともちがう。このカラミアイが論点だということでは、理解が一致する。ここから、現代の政治について、いわゆる大衆のポピュリズムと市民のデモクラシーとのちがいが、あらたに問題となる。現代政治はマスコミが煽る劇場政治、つまり大衆操作による幻惑政治としての「大衆政治」となり、市民活動が構築しようとする世論ないし政策発生源の多元・重層化をめざした、現代の「市民政治」とは異質となっていく。

かつての小泉政治は現代ポピュリズムにつきものの、テレビがつくりだす幻惑政治化によって、〈風〉をふかせ自民党の伝統基盤を崩していった。このため、今後、自民党をつぶした政治家だと、小泉元首相はいわれることになるだろう、と私は考えている。

というのは、現代デモクラシーにおける最初のポピュリストといわれているのだが、イギリスの二〇世紀はじめ、蔵相、首相となった自由党のロイド・ジョージを想起しているからである。彼は労働党に対抗して、自由党と労働層との連帯をかかげながら、「社会保障制度」を新しくかたちづくるため、保守党系の醸造業への増税を政治争点として、一九〇六年の総選挙で大勝する。さ

〔2〕

らにその勢いで、同一年内に二度目の総選挙を敢行して、いわゆる「抵抗勢力」の貴族院の政治権限を剥奪してしまった。

だが、その後、労働党の自立、保守党の復活をみる。自由党はこの両党にはさまれて、地盤沈下していった。第一次大戦を勝利に導いた首相でもあったのだが、後世、ロイド・ジョージは、自由党をつぶした男として、歴史に語りつがれているのが、イギリスの現代政治史である。

小泉首相も劇場政治で衆議院選挙で大勝したが、その実、浮動票めあての「小泉チルドレン」たちの大量立候補によって、自民党の伝統基盤であるムラ型の組織を浮動票化するとともに、郵便局長会はじめ省庁が掌握してきた外郭組織を構造改革の名で底抜けにしはじめる。いわば、地域・職域のムラ型固定票をきりくづして、浮動票化さらに批判票化していったのである。

それに、自民党全体での、(1)労働力の移動緩和によるいわゆる「格差拡大」、(2)高齢社会移行にともなう年金、健保、介護の「再設計の失敗」が、その後自民党の支持基盤をさらに解体していった。

くわえて、自民党は合併特例債などでの大量財源バラマキによる〈市町村合併〉の強行によって、自治体の借金を加重させただけでなく、合併地域では多数の「無所属保守」をふくむ市町村議員という、議員報酬をもつ大量の保守政治活動家を失って、タダの人にしてしまった。次にめざす〈府県合併〉という道州制では、またまた市町村合併と同じく、大量の保守系県会議員を自民党は失うことになるのだが、自民党が率先して道州制を推進しているのは、自民党の「自分」知らずというべきか。自民党とは不思議な政党である。

「市町村合併」をムリにおしすすめてきた総務省官僚も、二〇〇九年、民主党内閣が成立した戦後初の《政権交代》の後からみれば、みずからの政治無知をさらけだしたことになる。いわば、半世紀余におよぶ永年の戦後政官業学複合をくみたててきた自民党政権をつぶしたのだから、政治の次元では官僚主導の失敗でもあった。

○月○日

〔3〕　サポーターたちの文化革命

B君と議論となる論点は、（1）農村型社会の数千年という長期間、「東洋専制」の伝統のなかにあり、自治・共和政治の記憶がほとんどない日本の人々は「市民」たりうるか、ついで、（2）私がアッサリ「東洋専制」といっている日本の歴史特性を具体的に整理すべきではないか、の二点である。たしかに、きびしく議論すべき論点なので、私たち相互の思考訓練になる。

最近、二人が一致しているのは、サポーターがスタンド席からスローガンをだしながら、選手やクラブ運営まで批判するサッカーは、日本におけるスポーツのあり方をめぐって、新しい《文化革命》となっているのではないか、という論点である。

〔3〕

戦前、スポーツは軍人・兵士への鍛練がその基本にあった。戦後でのスポーツの位置づけといえば、その第一の原型はやはり国、県の「官治事業」である、戦後の「日本復興」をめざした、国民体育大会の出発であった。この〈国体〉は「政治」であると同時に、国・県レベルの体育官僚ないし職員が、一年一回結集し、「体育政官業複合」を再確認する機会となっていく。はじめから、そこには、政治と行政があった。国体開催にあわせて、順次、各県に国の補助金で体育施設を整備するというバラマキをふくめて、すでに四七都道府県を一巡したのだから、もう終りにすべきだろう。

第二の原型としては、学校や企業の宣伝媒体になってきた学校・企業スポーツである。とくに、野球は戦前から戦後も最近まで、新聞社の販売拡大の主要手段となっていた。戦前以来、高校（旧中学）野球では朝日新聞、企業野球では毎日新聞、プロ野球では読売新聞が主導したのは周知である。

第三は、最近、加速度がついてきたのだが、オリンピック、あるいはスポーツ種目ごとの世界大会などでの多様なヒーローの造出である。B君は、俳優や歌謡曲歌手などの世界とおなじく、マスコミやスポンサー企業によって、選手たちのスター化がすすむという。それだけ、各種目での日本の選手たちの水準も世界規模であがってきたのだが、いわば、スポーツの〈マス・デモクラシー〉化といっていいだろう。

だが、特異なのはサッカーで、このマス・デモクラシー化もすすむが、基本の考え方として選手は独立地域クラブ制をとるとともに、そのサポーターも地域市民活動の自発性、つまり批判性・参画性と同型となり、サポーター席での演出は個々人が自発的におこなっているという。

スタンド席では、これまで日本でつかわれてこなかった種々の色彩もあふれ、日本における色彩革命すらも進行させているといっていいだろう。私もB君とともに、日本における地域市民活動ないし「地域個性文化」の熟成と、サッカーという「世界共通文化」とが通底する可能性を、この〈市民参加型〉のサポーターにみている。このサポーターは、〈マス・デモクラシー型〉のいわゆるファンとは異質なのだ。

○月○日

〔4〕 オカミは「悪をなさず」

公務員の汚職や個人失敗を議員やマスコミが批判するとき、かならず、「すべての公務員がこうではなく、まじめな公務員がほとんどです」とつけくわえる。だが、O君は、これはまちがいだという。そこには、つねに、行政機構ないし公務員制度の体質、ないしその構造欠陥がひそむため、個人の問題ではないからである。その通りである。

〔4〕

くわえて、O君はまちがった公務員がでてこないように、性悪説にたって制度設計するのが政治家ないし法務公務員の課題なのだから、「まじめな公務員」がいるというよりも、法制による〈制度設計〉の失敗こそを、日本でも問題にすべきだとつづける。

O君は公務員一人一人はシャバでのタダの人という個人資質問題と、日本の市町村、県、国の政府とくに国の官僚組織が〈官僚法学・講壇法学〉によって理論武装している組織体質問題とを、混同するのがいけないのだという。つまり、公務員の個人資質問題についてのケジメをつけえない、明治国家から公務員の「無謬性」をかざしてきた、日本の法制ないし法学の官治型構成という、その《組織》としての「失敗」を問題にすべきだという。

市町村、県、国各レベルの政府の再構築をめざして、制度・法制の改革を提起するのが、市民活動ないし政治家、ついでマスコミ、評論家、さらには官僚・職員自体の責任となるのだが、この制度再設計ないし立法改革をめぐって、これらの各層が大胆に改革にきりこむ《政策・制度型思考》への訓練が欠如しているところこそが、日本の政治未熟、行政劣化の基本論点だと、O君は指摘する。

法学者も日本では、現在の既成国法を「絶対・無謬」とみなす「法の解釈」のみで、法の「運用改革」ないし「立法改革」という、〈政策・制度型思考〉を自立させていない。農村型社会から都市型社会への移行にともなって、日本が転型期の二〇〇〇年代にはいり、しかも〈政権交代〉をみた今日も、国会・内閣による立法改革はすすまず、また法学者はノンビリ「絶対・無謬」とみなしている国法の「解釈」にとどまっている。

日本の法学では、「市民」の法であるべき国法を、「国家」の法とみなすという、戦前の明治憲法系譜の考え方が今日もつづく。国法自体について、いわば、戦前は「天皇の法」、戦後は「官僚の法」として、絶対・無謬と考えてきたため、戦後も法の解釈のみにとどまり、法の改革という立法政策論、つまり政策・制度改革にむけての思考訓練ができていない。

そのうえ、日本の法学者は、「立法」は立法府の国会、さらには日本の主権市民の政治権限ではなく、行政府の官僚のみがになう国家統治事項とみなしてきた。主権者である私たち市民の「立法論」については、〈素人論〉だから口をだすな、とさげすむとともに、法学者間では「解釈論」のみの精緻を競うという、後進国型の国法・官僚崇拝がつづいている。

成文法は、自治体の条例、国の法律、国際機構の普遍条約をふくめて、時代の変化の早くなった今日の都市型社会では、たえず時代オクレとなるのだから、法解釈の弾力化だけではまにあわない。都市型社会では、自治体議会ないし国会、あるいは国際機構が制度改革としての改革立法をたえずおしすすめる、市民による政策・制度づくりが緊急かつ基本となる。事実、日本でも、地方分権改革推進委員会による「法の仕分け」では、〈二〇〇〇年分権改革〉時になおりきらなかった、官治・集権の旧型法は約五〇〇、旧型条文では一万余になるというのだ。

日本の国法では、「国会立案」は基幹ではなく、「議員立法」としてさげすまれる。戦前以来、省庁縦割での「官僚立案」にはじまり、時代錯誤の〈官僚法学〉を主導する内閣法制局が制御する、「閣法」中心の法案づくりのため、国の官僚を拘束する国法はつくらない。省庁官僚は所管の省庁縦割国法の「上」に、官僚みずからを位置づけるという法論理をくみたてていく。つまり、かつての超越性をもつ天皇制官僚の系譜にある今日の官僚は、国法ないし法律に超越するだけでなく、明治国家と同じく官僚は「悪をなさず」という前提で個別国法をつくっていく（本書〔46〕参照）。

日本の法制用語は、また、私たち市民がオカミ崇拝にむかわせるようにできている。なぜ、自治体、国にたいする主権者市民の文書による発言は「陳情」「請願」となるのか。『日本国憲法』一六条も、国、自治体にたいする市民の「請願権」をのべているが、政府への批判あるいは提案などは、文書による《市民主権》の発動という考え方が基本ではないか。

戦後改革でも、『憲法』、ついで「憲法関連法」としての地方自治法、国会法など、基幹となる国法も戦前の法務官僚が原案を立案したため、オカミ崇拝用語そのものでかたちづくられている。「大臣」という言葉もその典型である。「陳情・請願」という用語法のため、政治家ないし自治体議員、国会議員は、明治憲法感覚で自分たちはオカミでエライのだと思いこむため、市民の血税をムダヅカイするようになる。

O君は思考の型について、言葉の権力性をのべたフーコーの権力分析もとりあげながら、日本の今日も、「大臣」など日本語自体が幼い頃から、私たちをオカミ崇拝に誘導する効果をもつという。つづけてO君は、自治体議会、国会では、今日も、与野党の議員が自由に相互審議する「自由討議」が「できない」のも、ここからくるという。オカミにたいする「質疑」、つまり「お伺い」を中心とし、与野党をふくめ議員相互、あるいは政府と議員との〈対等〉な「自由討議」はさせないのも、国家崇拝の官僚心性からきているのだという。この点、ようやく委員会の円卓方式ははじまったが、国会議事堂における権威型の講壇方式もあって国会議員自体がほとんど気づかず、国会法の改正もすすめない。

自治体議会では近年、旧内務官僚が旧帝国議会をモデルに戦後に作成した『標準議会会議規則』を私の造語による『基本条例』の策定によって今後ポイステし、個別の自治体議会が独自性・創意性をもつ、市民自治型の議会運営をこころみはじめている。ここでは、かつての「規則」も当然、自治立法としての「条例」となる（本書〔52〕、また詳しくは、神原勝著『自治・議会基本条例論』二〇〇八年、公人の友社を参照）。

〈二〇〇〇年分権改革〉で明治以来はじめて、知事・市町村長は「国家機関」ではなくなったため、戦後半世紀以上かかって、これまで《市民主権》を否定してきた自治体議会での国家崇拝も、終りのはじまりとなった。その結果、最近では、議員の質疑は前述の、オカミへの「お伺い」ではなくなるため、オカシナ言葉だが、長の議員にたいする「反問権」も問題となりはじめ、市民相互型の「自由討議」に近づくことになる。当然、国会でも時代錯誤でアゲアシトリの、戦後五〇年余つづくムダな「質疑」ではなく、市民相互型の「自由討議」中心にはいるべきである。

○月○日

〔5〕　官僚外交の背景を考えなおす

日本の外務官僚採用については、外交官試験というかたちをとっていたのだが、二〇〇一年廃止された。外務省はながくこの別枠採用をとっていたため、ネポティズム、つまり明治以来の外務官僚にまつわる縁故採用もみられたという。国会とくに自民党で多くなった政治家の二代目、三代目がボンボン型なのとおなじく、外交官もお坊ちゃん型、あるいはそれ以上に公卿型が多くなって、幼稚化している。幕末、藩単位での外交できたえられた気風をもつ明治外交官と異なり、今日の外務官僚ははたして情報・交渉の戦略ないし熟度をもつのかと、問われている。

この論点は、私の持論でもある。S君は日本の政治家も官僚型で情報・交渉能力はなく、外交官僚のみが無能なのではないと、私への批判をもつ。S君は、外交戦略あるいは外交熟度は、特定個人の資質、あるいは特権ではない。それは特種技術ではなく、友人、近隣、恋愛など、また企業経営、商取引をふくめた、市民間交渉の熟度を背景に、いわば《文化》としてそだつのだという。たしかにそうである。情報・交渉能力は、学校優等生の官僚にはムリといってよい。

日本におけるこのような市民熟度をそだてる市民社会の未熟、とくに若き日の受験戦争、行政職などの公務員試験競争、また各縦割省庁における情報公開なき特権官僚組織の閉鎖性・独善性、さらに中進国型年功序列・終身雇用という身分制が、日本の外交官ついで各省庁官僚における外交能力の欠如ないし未熟となり、結果として日本外交は悲惨な事態となっているのだと、S君はいう。事実、国際会議をふくめ、いつも、日本外交の居場所がないという批判がでている。たしかに、『プルターク英雄伝』や『三国志』で育った人々と、宮ヅカエの悲しさでつくられている『忠臣蔵』で育った日本人との政治文化のチガイは大きい。

〔5〕

以上にくわえて、二〇〇〇年代の今日も、第二次大戦による米軍の占領が日本で、事実上、今

〔5〕

日も基地問題をはじめつづく。このため、日本の外交戦略には選択性がなく、アメリカへの追従ないし協働が、自由な外交選択としてではなく、国是ないし国際地勢学から不可侵と考えがちなことも、戦後日本の外交未熟を考えるときの基本論点となる。

もちろん、「地球は一つ」というかたちで、地球規模における私たち市民生活の相互依存がふかまったため、いわゆる《市民外交》、ついで私が最初に定式化したのだが〈自治体外交〉、また、ひろく企業外交、マスコミ外交など、最後には「政治家外交」が基本となり、外務省による外交の独占は終っている。くわえて、各省庁の各課題領域における、各国間の個別専門交渉、あるいは専門国際会議による会議外交がおこなわれるようになってきた。このため、今日では、各省庁も直接の外交交渉をにない、ここでも外務官僚の外交独占は当然終る。

国レベルでの基本は、政治家の外交戦略・熟度だが、同時に日本の官僚全体の採用・養成方法をたえず問題としていく必要がある。これまで別枠だった外交官試験の廃止はその帰結でもある。今後、外務官僚をふくむ特権官僚たちについては、ひろく、専門水準もたかくなっている市民活動家ないしNPO、あるいは国際市民活動ないしNGOからの途中採用はもちろん、これらの市民活動現場における外務官僚の外交再訓練も不可欠である。

この点について、S君は孫子、マキャヴェルリをはじめ、カリエール、ニコルソンなど（前三者は岩波文庫、最後のみ東京大学出版会に邦訳)、外交についての定評ある古典的著作を具体的に読んでいくと、期待に反して秘儀はもちろん、外交に特化した解答もなく、いわば市民一般、ついで政治家一般の力量ないし考え方を例示するにとどまっているという。いいなおせば、外交技術の特化はできないのだろう。政党間、団体・企業間の交渉、また市民活動や選挙活動、政党交渉、あるいはひろく市場取引、会議運営、広報対策の技術ないし水準と同型だからである。

さらにいえば、外交については、当然ながら政治家が責任をもち、官僚は政府によって授権された範囲での外交実務をになう。外交は政治家「本来」の仕事なのだ。そこには特段の神秘性はないはずである。だが、近代国家成立以来、国家主権、国家機密だとか、国家理性、国家利益といった言葉がつくられて、外交を特段に「神秘化」して特別視するだけでなく、その裏面では時折露呈するのだが、日本をふくめ外交特権の悪用さらに蓄財も精緻になっていく。だが、偵察衛星がとびかい、IT分析が進化した情報革命の今日では、外交観念自体が変るのである。

今日では、各国の外交が、二国間だけでなく、多国の市民間、団体・企業間、また政党間、あるいは各種の国際会議ですすめられ、その間、マスコミやIT技術などによって、市民との「情報ギャップ」からくる秘密情報も、産業・軍事の技術情報をのぞけばほぼなくなっている。とすれば、外交を「特殊」化、「専門」化、「特権」化する時代は終っているというべきだろう。それ

〔5〕

ゆえ、ひろく多元・重層の《市民外交》の時代にはいっている。

もちろん、外務官僚には、(1)広汎な外交・国際情報の収集・整理・広報能力、(2)国際政治構想・国際戦略構築の能力、(3)個別国際危機管理ないし外交交渉能力、(4)国際法・条約の管理・運用・策定能力などの熟度が、〈専門官僚〉としての、最底能力として要求される。

いつも不思議に思うのは、国際政治学者や外交評論家たちは、日本の外交を論評しても、日本の外務省、ついで外務官僚の発想・体質、とくに専門訓練の水準、それに外交機密費から国際援助におけるムダづかいの批判をおこなっていないことである。これでは、政治・行政批評にはならない。各国に日本の「ヨワミ」をみせてはいけないという外交配慮だというのだろうが、各国の外交官はとっくに日本外交の「ヨワミ」を知っているではないか。それゆえ、「原子力村」とおなじく、学者、評論家をふくめた政官業学の「外務省一家」がつくられて、特権意識が肥大しての公卿化がすすんでいる、とカングルこともできるのだ。

○月○日

〔6〕 イズムから政策・制度の選択へ

世界共通の言葉ないし文化となっているデモクラシーという言葉について、日本語では「民主主義」ではなく、〈民主政治〉という言葉を、私はつかっている。デモクラシーという言葉には「デモス（人民）の支配」という意味しかない。イズムつまり「主義」という言葉はそこにはない。なぜイズムないし主義をそこにみてしまったのか。この点、E君とたえず議論となっている。

日本史では、「明治維新」「大正デモクラシー」という言葉は特定の歴史時代概念としてひろくつかわれているが、今後は、戦後から二〇〇九年の民主党との政権交代までを一括して「戦後民主主義」という言葉が、このような歴史時代概念としてつかわれていくかもしれないと考える。敗戦・占領からの戦後日本をみるとき、、農村型社会から都市型社会への移行にともなって歴史転型期にはいる二〇〇九年まで、「戦後民主主義」の名で、明治国家系譜での官僚内閣制型自民党政権が、異例にもこの半世紀余りつづいたからである。

それにしても、なぜ主義ないしイズムという言葉を人々はつかうのだろうか。

二〇世紀にはいる一九〇〇年前後からの世界規模でみても、まず資本主義対社会主義という経済体制について主義という用法がめだつが、さらに細分されて、資本主義は修正資本主義、経営者資本主義、国家独占資本主義などなどと主義がならび、さらに社会主義では社会民主主義、フェビアニズム、サンジカリズム、ボリシェビズム、擬似社会主義のファシズム、ナチズム、さらにはその後スターリン主義、毛沢東主義、ホーチミン主義などなどがつづく。

一般用語でも、法治主義、独裁主義、あるいは自由主義、全体主義、また理想主義、相対主義、実存主義、実用主義などなどがつかわれ、宗教でも仏教、儒教などは欧米語ではイズムをつけた用語となっている。

B君は、イズムをつけて、特定の思考方式、理論構成、また政治主張、宗教信条、さらに美術様式までを「実体化」するのは、相互に対抗論理をきづくため、あるいは自己顕示を強調するため、必要だったのだろうと、アテズッポゥにいう。

この話は、戦前の『社会思想一二講』といった通俗本、あるいは大項目中心の思想事典などの目次をみると、編者のこのみで、目次が理想主義、社会主義、実存主義、実証主義、新カント主義、モダニズムなど、整理もされず、文脈もなく、並べられていたが、これらは戦前の理論輸入時代における思想名所案内みたいなものだったという、私の思い出ばなしからでた。

二〇〇〇年代、自由・平等、自治・共和という、《世界共通文化》としての普遍市民価値原理が地球規模でひろく定着する今日、かつてはイズムにたてこもって相互に対立してきた党派主張をたえず相対化して、「共通用語」による普遍市民価値原理ないしその普遍規範性を共通理解におき、主義、主義というこれまでの時代を終えさせていきたいと、私は考えている。

〔補論　私が《共和》という言葉をつかうのは、各国の正式国名の英語訳にはほとんどリパブリックという言葉があることに留意しているからである。「政治制度」としての君主政治・民主政治などとは別の、「社会構成」としての共和という言葉が、日本ではシメッポイ「共生」などに変ってしまって、国境をこえてつかえる普通の市民用語になぜならないのか、を問うためである。〕

すでに、真理性ないし無謬性を価値とみなす「絶対」イズムの時代から、あらたに、適正手続による「合意」という、〈政策・制度〉の「相対」選択の時代に、私たちはいっている。「真善美」といった言葉も、真、善、美それぞれの言葉の意味自体が多元・重層化してしまった今日、もう誰もつかわないではないか。

ところで、イズム関連でワカラナイのは、思想・理論をめぐるポスト・モダニズムという言葉である。一時、流行したのだが、私にはわからなかった。ヨーロッパ系言語では「モダン」は一語しかないが、日本では「近世」「近代」「現代」という、よくできた三語がある。そのとき、「モダン」の元祖とみなされていたデカルトは、私からいえば、「近代」以前の「近世」バロック段階である。ヨーロッパの「近代」思想・理論はロックにはじまる〈啓蒙哲学〉からである。ルソーやカントなどはその系譜にあたる。《現代》の思想・理論は二〇世紀以降、近代の「主観・客観」の認識二元論の崩壊にともなう相対・機能理論、ついで近代の「国家対個人」という社会二元論の崩壊にともなう多元・重層理論の登場にあると、私は位置づけている。

とすれば、ポスト・モダニズムという考え方が自壊するのは当然であった。いわゆる〈近代〉の位置づけについての再検討が、日本の理論家たちでいまだまとまっていないのである。

○月○日

〔7〕市民の可能性と世代経験

E君の私にたいする批判の最後の論点は、私がアキラメをもたずに、日本における市民の「可能性」を《信じて》いることにある。つまり、幻想だというのである。この論点については、今後もE君から批判されつづけるだろう。

どこが、彼とちがうのかといえば、一九六〇年前後、日本で出発した市民活動について、その後半世紀、五〇年たって彼が冷静に見れるのにたいして、私は、日本の歴史で最初の出発となる市民活動の、当時における画期性についての世代経験をもつところにあるのではないか、と思っている。この私の世代経験については、拙著『自治体改革＊歴史と対話』(二〇一〇年、法政大学出版局所収）の⑨「市民・自治体・政治＝再論・人間型としての市民」などであらためて整理している。また一九七一年、拙編『市民参加』（東洋経済新報社）は、市民活動をめぐる日本での、当時の最初のまとまった本になる。

市民についての考え方はE君と〈同型〉なのだが、同型どうしの議論はかえってツカレル。私への批判もよいが、彼の独自理論の構築をさらにすすめてほしい。

○月○日

〔8〕 社会理論用語の移りかわり

ピョートル大帝、エカテリーナ女王らがロシアの「西欧化」という〈近代化〉に先鞭をつけたのだが、B君はこの「西欧化」から育った革命知識人たちが、《ロシア革命》への内発力となったという。この後進国における、革命知識人たちみずからによる《上から》、つまり〈国家〉による〈近代化〉ないし「西欧化」は、日本の明治維新、ついで中国革命、インド独立などをふくめて、ほぼ同型である。しかも、この《近代化》つまり「工業化・民主化」が、やがて都市型社会のマス・デモクラシーないし市民活動をつくりだし、移行期の〈国家〉による「官治・集権政治」の終りとなる。今日の日本の問題状況もここにある。

「現代マス・デモクラシー」における《大衆》をどう位置づけるか。B君は私の大衆対市民という対比は安易だという。あたってはいるが、この批判はマクロの理論模型、つまり「基礎観念」が論理必然的にになう、宿命といってよい理論レベルの問題でもある。赤色、黒色なども、それぞれ何十種類もあり、赤、黒自体は観念ないし概念としての「理論類型」にすぎないことからも理解されよう。

私は、「大衆」をめぐっては、一九五六年、日本マルクス主義理論の崩壊について、そのキッカケとなった、日本の理論文脈での最初の問題提起となる拙稿『大衆国家の成立とその問題性』以後、現代の「大衆」のなかからこそ、現代の《市民》がうまれてくるという《歴史・構造》論理を考えてきた。当時から、いわば、大衆化と市民化は、具体・個別の条件・状況に対応しながら、たえず、相互に〈移行・循環〉するとみるべき、と考えていたのである。

一九五〇年代後半の大衆社会論争における私への批判は、いまだ以上の論点がひろく理解されていなかった当時、この論争における批判者たちの問題設定はうしろむきで、《大衆対市民》ではなく、《大衆対階級》という一周オクレの論点が設定されていた。一九世紀型観念としての「階級」と、二〇世紀型観念としての「大衆」の区別すら、日本で理解できていなかったのである（拙著『現代政治の条件』一九五九年、中央公論社、増補版一九六九年、増補版「後記」、また拙著『戦後政治の歴史と思想』ちくま学芸文庫、一九九四年、「著者解題」を参照)。

くわえて、そのころ、いわゆる「政治体制」についての、「経済構造」をふくむマルクス主義用語として、二〇世紀資本主義については「国家独占資本主義」という言葉がつかわれていた。このマルクス経済学に対比するとき、当時のいわゆる近代経済学では、今日と同じく歴史感覚がないので、「混合経済」という言葉しかもっていなかった。私は「高度資本主義」というゾンバルトの言葉をつかってよいかなとも考えたが、〈大衆〉デモクラシーと〈独占〉資本主義との政治・経済緊張をダイナミックに明示するため、当時の一般的な「独占資本主義」という言葉で我慢した。

そのころ、アメリカから輸入された研究に、社会学者ミルズの『パワー・エリート』という書名があった。「独占資本」という実体観念ではなく、「パワー・エリート」は機能概念だったのでよい言葉だと思ったが、適切な日本語訳がないため、つかえなかった。この本の日本語訳者も日本語になりにくいため、訳書名も『パワー・エリート』としている(邦訳は東大出版会刊)。

その後、「政官業複合」あるいは「政官業学複合」という言葉ができてきたため、パワー・エリートの訳語としてもピッタリとなる。私も、近頃は自民党長期「政官業複合」、必要に応じては「政官業学複合」という言葉をつかっている。

社会理論はそれぞれの理論家のいくつかの基礎観念を中心にくみたてられるため、その用語が変われば理論もかわる。イデオロギーといったオオゲサな言葉をつかう必要も、今日ではない。社会理論では、理論家における基礎概念の時代特性と選択責任をつねに考えたい。

○月○日

〔9〕《東日本大震災》をどうとらえるか

東日本大震災の日、二〇一一年三月一一日以来、私はあらためて、これまで以上に、一九四五年、福井で焼夷弾の直撃によって家が焼失した敗戦直前の米空軍大空襲、それに一九四八年、家が全壊した阪神・淡路大震災クラスの福井大震災について、若かった日々を想起しながら、災害による《日常の崩壊》という事態を考えている。

そこには、家を失うだけでなく、近隣の人々の死とともに、地域自体の崩壊があった。いずれにおいても、夏のためもあり、くらい夜半に、まだ環境汚染していなかった川で体を洗うなど、被災地では原始個人に私たちはたちかえっていた。いわば「無」からの再出発であった。

だが、空襲という戦災は別として、今回の東日本大震災は、これまでの震災と異なる大論点をはらんでいる。

（1）M9という世界最大クラス、また日本で一〇〇〇年に一回といわれる巨大性・広域性

（2）最高遡上高四〇メートルの、地域社会を「無」にする、複数回での大津波の襲来
（3）フクシマ原発破壊と、これからくるヒロシマ・ナガサキ原爆以上の放射能被害拡散
いわば、東日本大震災は、その(1)巨大性、(2)広域性、またこの（1）（2）（3）の(3)複合性において、近代以降の日本で「広域壊滅」というべき、はじめての大事態となる。

従来の関東、阪神・淡路などの大震災に比べても、ケタのちがう被災のため、当然ながら、最初から既成モデルのない新構想・新手続の復興・再生政策が必要であった。とくに（2）（3）では、最近の日本では深く想定しなかった、まったく新しい問題性と規模をもっていた。しかも、この復興・再生には、明治国家にはじまり、戦後もつづく〈官治・集権〉から、「都市型社会」固有の〈自治・分権〉への、日本の政治・行政、経済・文化の再構築が必要となっていく。

津波で地域蓄積が「無」になり、地盤沈下もおきている地域での復興・再生をめぐっては、今後も地球のプレート移動の関係で、これまでと同じく巨大地震・巨大津波が一定の周期性をもってやってくるとすれば、まず、高台に移転か、人工台地の構築かなどをめぐって、地元市民自体の意見が割れ、市民間の合意は困難かつ時間がかかる。

今回の《巨大・広域・複合》を特性とする東日本大震災では、この《現場》での〈市民合意〉を起点とする、地域特性をいかした市町村＝基礎自治体主導の復興・再生となる。まず、被災者みず

〔9〕

からによる居住地の選択からはじまるため、時間がかかろうとも、自治・分権型の復興・再生とならざるをえない。

広域にひろがり、放射能をふくめ、それぞれ地域特性をもつ被害状況を前にして、市町村主導の生活・地域再建を基本に、県は産業政策を中心とし、ついで国は市町村、県にたいする権限・財源の戦略配分ないし法制改革を中心に、市町村、県それぞれ独自の復興・再生構想を支援するという態勢となる。〈現場〉から遠い国が、地域特性をもつ被災各地域、また多数の各市町村、複数の各県について、直接、復興・再生を指揮・指導する能力をもちえないのは当然ではないか。

大震災は、これまでも、時代の思考ないし文化を変えてきた。関東大震災では日本における都市型社会への移行の前兆である、生活様式の「都市化」へのはじまりがおこり、阪神・淡路大震災では都市型社会がはじめて可能にする、大規模な参加・支援というボランティア型の「市民活動」がはじまっている。日本でのNPO法の策定もこの時点である。

とりわけ、これまでの局地震災と異なって、今回の巨大・広域・複合震災では、国の大量支援も「広域拡散の法則」がはたらくため、被災各地ではパラパラと希薄になってしまう。この意味でも、国の官僚主導による上からの政策では対応できず、地域個性をいかし、市民合意による市町村主導でなければ、時間がかかろうとも、今回の復興・再生はすすまない。それゆえ、日本の

〔9〕

政治・行政、経済・文化の、官治・集権から自治・分権への転型を誘発する。

これらの論点を理解できないマスコミは、以上の〈構造論理〉をくみたてえないため、国にたいしてオソイ・ハヤクを無責任に連発してタイコをたたき、政治不信をあふっていたにとどまるという、ナサケナサであった。だが、一年たった今日からみるとき、国が強力におしすすめれば、放射能、石綿、さらには貴重な遺品の多くをふくむガレキの分別処理もアットいうまに終わると、マスコミは考えていたのだろうか。これではコドモの考えである。ガレキは一年たって一〇%前後の処理しかできず、現地だけの処理では一〇年分のガレキともいわれている。また、ガレキの現地再活用手法の開発もありえよう。日本のマスコミの水準がいかに低劣かをしめす。

民主党政権は、そのうえ、一九五五年以来つづく、自民党長期政権の〈官僚内閣制〉という、「無能」な〈負〉の遺産をひきついでいるため、政権に過重負担がかかっているのみならず、官僚中枢からの、民主党政権への抵抗・雑音もつづく。情報の整理・公開についても、法制のタテマエだけで、官僚内閣制の自民党長期政権は、官僚をこれまで訓練してこなかったのである。さらには、自民党長期政権がすでにGDPのほぼ二倍という国際的にみて超絶した政府借金をつみあげてしまったのちのため、復興財源もあらたに多様な工夫が必要となっている。

くわうるに、これまで、自民党長期政権は原子力発電の「安全・安価神話」をつくって、子供

〔9〕

たちにまで学校で教えこんできたのだが、すでに国際的にも広くあきらかとなっているように、政官業学の自民党「原子力村」、ないし原発企業・原子力行政の当事者自体における、危機管理意識の欠落・無責任が極まっていた。原発危機はそもそもナイと考えてきたため、「想定外」というような無能性をさらけだしたというのが、これら企業・官僚当事者たちの実状だったのだ。

今回、3・11で、ついに、政官業学＋マスコミという、自民党系譜の「原子力村」は《崩壊》した。だが、その中枢である経産省・原子力安全保安院の廃止をめぐる経済産業省官僚の抵抗がつづき、環境省・原子力規制庁への移管は、予定の二〇一二年四月をこえてもすすまない。「原子力村」最大責任者の産業経済省官僚によるゴウマンな逆攻勢がはじまっていると、誰もが考えているのが実状である。

この世界基準で最悪7レベルの原発爆発にともなう放射能汚染対策には、想像を絶する年月を必要とし、しかも原発汚染物質の最終処理の技術と場所は、日本でも米英仏独露などとおなじく、未知・無知の領域にとどまって、後年世代に巨額の経済負担をしいる。原発自体が、行先のワカラナイ、無責任かつ巨額負担のかかる、「見切り発車」にすぎなかったのである。

自民党発足は一九五五年だが、自民党が半世紀余、つみあげてきた〈日本沈没〉という〈負〉の遺産を民主党政権は、この「東日本大震災」でさらに加重されたかたちでうけつぐことになった。

〔9〕

この戦後日本に通底する自民党官僚内閣制型の政治・行政ついで経済・文化の堕性ないし問題性を、民主党政権はこの数年で解決することは不可能である。くわえて、民主党政権には初めての政権のため政治未熟がめだつとしても、また自民党ないし官僚の逆行型抵抗もくわわる。

マスコミ、さらに評論家、学者は、このような半世紀余にわたる自民党政権の功罪を、なぜいまだに〈整理・総括〉すらしていないのだろうか。半世紀余りという長年にわたったため、自民党政権での「経験と発想」しかもたない記者あるいは評論家、学者たちは、〈共犯〉でもあったため、「自民党ボケ」して、その「整理・総括」はできないのだとみたい。

テレビ、新聞、雑誌など、年輩のキャスターや編集幹部、記者、あるいは評論家、学者は、自分たちの世代が若い日から経験してきた、自民党の中進国型「官僚内閣制」、さらにはかつての「冷戦」を反映した与野党対立というような、〈五五年体制〉の既成発想への埋没がつづき、このいわば《自民党史観》ともいうべき「偏見」を構造化している。このため、この「偏見」から脱却すら考えていないのである。解説者や理論家、学者も、ここでみた自治・分権型の復興・再生についてもほとんど理解をもたず、すでに役立たない自民党系譜の官治・集権型、つまり国中心の復興・再生という惰性発想がつづく。

［なお、拙稿「東日本大震災と公共・政府政策」日本公共政策学会『公共政策研究』(二〇一一年一二月)を

参照ください。戦後日本の自民党政治、官僚、またマスコミの論点を整理している。また、本書〔14〕〔53〕〔64〕〔71〕も、直接、この東日本大震災に関連する。〕

○月○日

〔10〕「政権交代」がしめす《自民党ボケ》

O君は、マスコミ論調あるいは政治評論家のいう、民主党政権の「ガタガタ性」について、ヨイコトだと考えている。民主党政権は、敗戦後、一九五五年のいわゆる「政党再編」以来、二〇〇九年、半世紀ぶり、実質はじめての《政権交代》によって、幾人かは大臣経験はあっても、おくが「政権」未経験の野党政治家で政権を担当した。このため、政権運営の未熟がめだつのは、過渡事態として当然という。官僚の抵抗による明治国家型の官僚内閣制への逆行をのりこえながら、順次、政権経験の成熟がすすむならば、国会↓内閣↓省庁関係をめぐる《国会内閣制》型の新しい制度・手続を試行錯誤でつくりだしうるかもしれない、と考えている。

半世紀余にわたる永年の自民党政治に育てられたマスコミや政治評論家、政治学者も、いまだに官僚がスジガキを書いていた〈官僚内閣制〉の自民党政治ないし「自民党史観」から脱却できていないことを、O君は問題にしているのである。つまり、彼らは、(1)超絶巨大借金のつみあげ、

〔10〕

(2)みずから育成した原子力村にみられる大失政など、さらに(3)明治国家からの官僚組織中軸発想からくるのだが、官治・集権型官僚内閣制という、「自民党長期政権」の《自滅》について、〈総括〉する能力もなく、いわば〈自民党ボケ〉の頭脳硬化症状におちいっているだけだという。事実、ポピュリズムの小泉内閣も、いわば私のいう〈官僚内閣制〉そのものだったと、文脈はちがうが飯島元小泉首相秘書もテレビでのべている。

たしかに民主党は、戦後自民党の《官僚内閣制》の中核慣行だった、閣議のスジガキをつくる次官会議を廃止してしまった。私は大賛成である。これまで、国会・内閣・省庁の「統一性」は、時折のミダレはあったとしても、法制にはない、閣議以前の、この「次官会議」が、各省縦割対立のなかで全省一致したときのみのスジガキをつくっていたため、たもたれていた。

この次官会議を廃止すればガタガタになるのは当然だが、このガタガタは官僚内閣制から国会内閣制への過渡事態とみなければならない。にもかかわらず、マスコミないし政治評論家は、今日もこの「憲法問題」の基本論点すら理解できていない。また理解できないからこそ、戦後日本政治のこの最大争点をとりあげえない。ここでは、ナサケナイというのみである。

最大論点としての、この戦後の〈官僚内閣制〉という憲法違反について、憲法学者、政治学者も、一九七四年『市民自治の憲法理論』(岩波新書)でその政治現実をまとまったかたちをとって私

〔10〕

が指摘するまで、理解できていなかった（詳しくは拙著『国会内閣制の基礎理論・松下圭一法学論集』二〇〇九年、岩波書店参照）。

この歴史背景から、民主党は「政治主導」をかかげたのだが、今日の民主党内閣のガタガタ性ないし政治未熟性は、『日本国憲法』にふさわしい《国会内閣制》の模索過程でもあると、私もみている。すでに政権交替二年をへて従来型既得権をもつ官僚の抵抗による逆行がはじまっているのだが、もし官僚内閣制に逆行するならば、《日本沈没》になるとみざるをえないだろう。しかも、現実にも、民主党内閣三代目の野田内閣では〈官僚内閣制〉への逆行がはじまっている。

問題の基本は、民主党もふくめて、与野党の国会議員たちのおおくが、戦前型の旧「三権分立」（本書図3・二三五頁参照）という、行政中核の官僚内閣制型発想にとどまり、政治家の政治熟度を訓練しながら、国会を「国権の最高機関」（憲法四一条）と位置づける、《国会内閣制》という憲法運用への、スッキリした転換にいまだに大胆にふみだしえないところにある。この基本論点は、それゆえ、民主党のみの国会・内閣運営だけではなく、与野党をふくめ、日本の政治家ないし国会議員全体での、「国権の最高機関」たる国会運営の新造出が、責任として問われているのだ。

日本のマスコミ論調、政治評論家、さらに憲法学者、政治学者についても、自民党ボケつまり「自民党史観」による明治憲法系譜の官僚内閣制ボケ、したがって官僚・行政を中核とした官治・

〔10〕

集権という戦前型そのものの旧「三権分立論」に、いまだにとどまっていることこそ、問題にすべきではないか。

今日の政治のガタガタは、たしかに参議院での与野党ネジレからもくるが、このネジレは二院制国会をもつ各国いずれでもむしろアタリマエといってよい。この論点の解決には、日本における複数政党制にともなう、今後の「政権交代」をめぐって、国会二院制運営の新しい慣行・準則の熟成・合意、さらに制度化が不可欠である。今回、戦後半世紀余での、実質、最初の「政権交代」という事態のため、政党間でのこの熟成・合意がないため、現在、野党自民党における無責任な政権復帰願望がめだつにすぎない。ここから、かえって、自民党の支持率はあがらず、民主党・自民党の支持率は同じく低い、チョボチョボの水準にある。

二〇一二年現在、国レベルでの政治のガタガタは、自民党のアセリからもくるとO君はいう。O君によれば、自民党は少数野党に転落したため、国からの政党交付金は激減して党財政は逼迫し、党本部職員の減員もつづく。それに従来からつみあがってきた党本部の大借金もかえせない。しかも、市町村合併についてはその政治効果の見透しにも失敗し、合併市町村では議員報酬をえていた大量の「市町村議員」がタダの人となって、多くの自民党下部活動家の消滅となってしまった。また、「小泉政治」の熱しやすく冷めやすいポピュリズム騒動ののち、自民党支持者はその逆

〔10〕

作用として急激に冷めていき、政治から退出する。この間、郵便局長会、農協、医師会をはじめ、自民党をささえてきた省庁外郭の「圧力団体」にもガタがはいり、自民党直属の集票組織としては弱まっていく。

自民党はどうなるのか——大量の落選議員のアセリは強く、落選議員たちは早期の解散をせまって自民党執行部をツキアゲル。このため、長年の自民党失政について、その総括もみずからできないどころか、野党としての政策・制度改革の新模索もなく、たえざる民主党政権オロシをめざして自民党復権、つまり〈政局〉づくりにおちいっている。旧社会党のナンデモハンタイという、負け犬状態と同型となってしまったのである。

このように、戦後初の「政権交代」は、小政党は別として、民主党、自民党それぞれも、《転型期日本》をめぐって、それぞれの文脈で岐路にたったと、私は考えている。両党いずれでも、分裂サワギなどもあろう。だが、今日の日本政治における基本課題は、官僚内閣制から国会内閣制への移行にむけて、国会議員の政治成熟を私たち市民がうながし、とくに、カミツクダケの若い世代や官僚出身の国会議員たちを、《国会内閣制》の造出にむけて訓練できるかにある。

○月○日

〔11〕　仲よきことはよきかな

B君は、古いお店などのなかにかかげてある「仲よきことはよきかな」というような、印刷色紙で有名になっている言葉をあげて、いつまでこのような言葉がスキなのかと、コダワル。この言葉は「日本」の美徳ではなく、ひろく地球規模で、「農村型社会」一般におけるムラ型の徳目である。東日本大震災後、よくマスコミがとりあげる「キズナ」も同型である。

「都市型社会」に移行した日本で、今日予期されている市民倫理、つまり市民みずからによる自治・共和型の政策・制度づくりとは、このキズナは異質だと、B君は強調する。市民型の新しいキズナの造出こそが、私たち市民の課題ではないか、と彼はいう。

それに、二〇一二年三月、かつて安すぎると問題になったのだが、しかも日本と台湾にしかないといわれる国会議員宿舎の使用料が五年ごとの見直し方式のため、またまた下げられるが、国会議員の反対はないという。もし、反対がでても、カタチだけで、ここでも国会自体の「特権」型のキズナの証明となっている。議員誰も、この宿舎からは出ないのである。ミンナデワタレバコワクナイである。緊急・災害用は別として、膨大な公務員住宅も同型の「特権」ではないか。

都市型社会の都市構造・生活様式は、このようなムラ同調ではなく、大震災に直面した《地域》

での具体性ある問題・争点をめぐって、「組織と制御」、「予測と調整」、「構想と選択」をめぐる《自治》ないし〈合意〉が政治として要請される。大震災に直面した《地域》でこそ、この合意手続としての議論ないしその熟度が不可欠となると、B君はいう。都市型社会での《市民合意》として仲好くするとは、《自治》という「市民規律」をつらぬきうるかという問となる。

○月○日

〔12〕 地域活性化のシンポジウムと《自治体改革》

O君は先日、テレビでの、「地域活性化」をめぐるシンポジウムについて話してくれた。私自身も、くりかえし、くりかえし、またくりかえし、半世紀、同じ自治体改革の議論をしている。くりかえしが必要なのだと、O君にのべる。私が〈地域〉にとりくみはじめたころ、今日的意味での地域・自治体理論は日本にはなかった。このため、一九六〇年、《自治体改革》という言葉をつくることからはじめなければならなかったのが、私の実状であった。

テレビで議論となっていた論点を問うと、ほぼ

（1） 地域の潜在活力の発掘、またこれにともなうイベントの造出

（2） 地域内外をふくめた人材間の協力

〔12〕

（3）地域個性、さらに自力をいかす政策・制度づくり

だという。あたっている。ナカヨクだけではダメなのである。とくに、国のムダな補助金をトレが主題とならなくてよかった、と私は持論をいう。たしかに、農業人口の高齢化、駅前シャッター通りのひろがり、工場の外国移転、格安外国製品の氾濫、また格差ないし失業の増大が今日もすすむ。地域経済の再活性化の基本としては、一九六〇年代以来、私ものべつづけてきたのだが、さしあたり、地域での、この（1）（2）（3）での、自立になる。

だが問題はそこで終らないのだ。今日でも、県のおおくには、いまだに戦前型での部長、副知事をはじめ官僚出向があり、官僚出身知事もいつも五割以上はみられる。この戦前型の県では、県自治のあり方、また、政策・制度の独自開発を「考える職員」は育たない。知事会、市長会、町村会、これに議会関係の三団体をくわえた「地方六団体」も、その事務中枢人事は総務省がオサエテイル外郭団体にすぎない。シンポジウムも、ここまできりこまなければキレイゴトなのだ。

とくに留意したいのは、官僚出向もあって、戦前とおなじく国の省庁縦割行政に直接くみこまれている県では、(1)「情報の集約・整理・公開」はいまだその訓練が不充分、さらに(2)政策の中期・総合にもなる県レベルの「自治体計画」をつくれないことである。今日の県の巨大借金も、(1)情報公開なき、ついで(2)中期・総合計画なき、県みずからの人件費や事業費のムダづかいからき

ていることを、県内の各大学と協力して、各県の市民たち自身で、調査・公開すべきだろう。

二〇〇〇年代の今日では、そのうえ、計画的借金ガエシをふくめ、「行政縮少」への転換をめざす、市民・職員参加の《自治体計画》の策定こそが、県、市町村ともに、あらためて急務となっている。とくに原発交付金などによるハコモノが多い、市町村、県ではこの問題にぶつかっている（本書〔25〕参照）。当然、自治労も既得権擁護ではなく、積極的に参加してムダをはぶきたい。

これらの論点を、「地域主権」という言葉でゴマカシてはならない。《地域》自体には、市町村対県、市民対政治家対職員というかたちなどで、地域の外郭団体、圧力団体もくわわりながら、さまざまな政治対立が複合しているからである。

国の法制ないし省庁の自治体むけ政策も、もし国レベルの記者クラブ発表によってマスコミにカッコよくのるとしても、市町村までおりれば、「全国画一」、「省庁縦割」、「時代錯誤」が露呈するだけと、私はかねてから断言しつづけている。そのうえ、ほぼ一九六〇年代以来、国の政策の主要目玉も、実は、地域でパイオニア型の市民、また長・議員、職員などが、市町村あるいは県のレベルで独自に開発した政策・制度のモノマネ、いわば国の官僚によるヨセアツメにすぎないのが、その実態なのである。

かつて日本の後進国段階では、国レベルの官僚は先進国からの情報輸入によってエライとみえたのだが、今日の日本が中進国から先進国への移行状況にはいってきたため、地域における市民のパイオニア型活動は、時代錯誤の省庁官僚よりも水準がたかくなっている。

というより、全国画一の国法では地域個性政策・文化は熟成しえないため、私は国をふくめ、行政の低劣な文化水準を洗練するため、《行政の文化化》を提起しつづけてきた。この《行政の文化化》は、その後、都庁の生活文化局をはじめ、自治体に社会教育課アラタメ文化室の設置のこころみがはじまっていく（拙稿「市民文化と自治体の文化課題」拙著『自治体再構築』二〇〇五年公人の友社参照）。

日本のテレビや新聞など情報媒体の問題点は、特権官僚の時代錯誤性、ついで市民たちによる自治体再構築の不可欠性にキリコマナイという、自治体への思考欠落にある。いわば、その日ぐらしの無定見・不見識なのだ。国家・官僚崇拝がつづくため、社会・文化・経済、政治・行政の分権化・国際化についてすらも、ラジカルにきりこめない。

日本再構築としての分権化・国際化は時代の急務で、日本のパイオニア市民たちは、日本だけでなく、すでにアジア、アフリカや欧米などの〈現地〉で直接、地域活動をおこなっている。逆に、国の省庁は、権限・財源をもつとしても、それをいかすはずの政策・制度改革につらなる、現場型の情報ないしノーハウをもたない。ようやく戦後半世紀かかったのだが、市町村、県を国の省庁の「機関」つまり手足とみなす「機関委任事務」方式を廃止した《二〇〇〇年分権改革》をふまえて、あらためて市町村からの再出発としたい。

市町村、県は、自治体政府としての政策・制度の独自構築の急務性、さらには《自治》とは何かについて、「目をサマス」べきではないか。フクシマ以降、市民活動もあって、放射能ないし原発についても、国の決定マチではなく、自治体政策の独自責任についての理解があらたにはじまりつつあるが、オソスギルのである。

O君のいうとおり、「日本崩壊」というかたちで今日、半世紀以上という長期にわたった明治国家原型の自民党政権がつみあげてきた、「官治・集権」政治の失敗は深刻なのだ。

○月○日
〔13〕　政治家はナグラレ屋
大衆デモクラシーの今日、私が政治家はナグラレ屋となるといったら、O君は官僚や経営者も最近ではアヤマリ屋になりさがってきたという。《国家》の権威の名で勲章とヒゲでかざりつけている戦前の政治家、官僚・軍人、経営者、校長などの肖像の雰囲気と異なり、今日ではすでにそのカリスマ性はない。そのうえ、最近では、内部告発もあって、各省庁や各企業の「法令違反」

もあかるみにでる。組織自体の内部革新をおしすすめない無責任幹部は、今後、加速度がついてハネとばされてしまうだろう。

明治以来、ついで戦後も、政治・行政、経済・文化をになうと自負していた官僚たちは、今日では、退職後の「天下り」巣ヅクリ屋になりさがり、時代オクレの官僚組織自体の改革もシタクナイ症候群患者となりはてている。戦前の国会議員は宮中席次では官僚の課長クラスだったことからも理解できるのだが、「天皇の官僚」の威信はたかかった。しかし、二〇〇〇年代の今日、〈官〉のカリスマ性は、一九六〇年代以降の市民活動を起点とする半世紀の荒波のなかではげおちる。

O君との話のなかで、ベンサムがかつて公式の議会内「裁判所」とは別に考えていた、〈世論裁判所〉の話がでる。O君はこの〈世論裁判所〉については、ベンサムの意図とは異って、ある場合には狂暴となり、革命期にみられる「人民裁判」と同型となるといって、批判する。

私は市民型の公平性・公開性をめぐる「法令遵守」という意味では、今日のマスコミの報道は、実質、この「世論裁判所」としてはたらいているとみている。だが、記者たちの不見識・不勉強もあって、その日ぐらしのポピュリズム、つまり大衆迎合となりがちのため、信頼性はない。

ここで、あらたな、マスコミ問題がのこる。マスコミは今日「市民型節度」をもって論点提起をなしうるかという問題である。これまで、日本の市民における政治未熟、また市民世論ないし

〔13〕

ジャーナリズムの無力こそが問題だった。だが、二〇〇〇年前後から、論点は逆転して、マスコミの市民型節度こそが問われるようになっている。

O君のいう「人民裁判」になるという論点にたえず配慮しながら、私たち市民は情報公開のルールをきびしく考え、そこに《市民文化》の熟成を考えていきたい。とくに市民みずからの〈成熟と洗練〉が急務というべきだろう。

たしかに、ナグラレ屋の政治家には市民への政治責任、アヤマリ屋の官僚・経営者にも市民への行政責任、企業責任を、たえず自覚させることが「世論」の課題である。だが問題は、おおきく一歩すすめて、匿名性の強い日本の官僚の「構造犯罪」ともいうべき、ムダづかいや「天下り」、さらに「政権交代」への抵抗にたいして、《立法改革》、とくに官僚内閣制から国会内閣制へという「憲法運用改革」（本書〔76〕で詳述）をふくめて、政策・制度再構築ができるかが、市民ついで政治家、またマスコミの責任として問われる、重要課題となっている。

いわゆる社会の制裁には、三種類あることを、私たちは考えておくべきだと、O君と議論をしている。次のような考え方である。

Ⅰ　罪　かつては宗教的痛み、今日では職業いかんを問わず市民良識としての責任意識

Ⅱ　罰　法制による刑罰としての、社会への公開されたツグナイ

Ⅲ　恥　身近かな地域世論からマスコミ世論における恥カキ

とくに、前述した政治家のナグラレ屋、官僚、経営者のアヤマリ屋は、マスコミを間にいれた、いわばⅢの世論裁判ともいうべき状況構造からくる。

政治家については、よくその「リーダーシップ」が論じられるが、そのとき、M・ウェーバーの名で、「情熱」とか「責任感」などがよくあげられる。だが、これらは市民も一般にひろくもつべき美徳のため、無意味である。都市型社会への移行にともなって、政治・行政の課題が幅広くなった今日、政治家の最初の責任は、官僚内閣制の日本では官僚からの悪評がでようとも、官僚たちを組織・制御でき、また専門領域を官僚と共有できる「市民型」スタッフの選び方、あるいはその訓練・蓄積にある。スタッフが「怪物型」「官僚型」の時代は終っている。

○月○日

〔14〕「都市型社会」における危機管理

東日本大震災については、すでに本書〔9〕で私の考えをのべているが、その考え方の基軸として、あらためて、数千年つづいた農村型社会と異なる、精密機械のような構造的脆弱性、つまりモロサをもつ《都市型社会》の特性を考えておく必要がある。

〔14〕

都市型社会における、その歴史にない巨大・広域・複合性をもつ大震災として、今回、まず哀悼の意をささげるが、亡くなられた方々が多く、ついで住宅、企業・田畑、公共施設の損壊、また巨大停電、あるいは各種社会装置・施設ないしITの破壊からくるのだが、交通・通信、エネルギー・上下水道などライフラインをはじめ、福祉・医療・産業の一時中断・崩壊、くわえて原発破壊による広域放射能汚染までがくわわった。この都市型社会の危機には、このほか国際規模での通貨危機、エネルギー危機、放射能危機などからくる国際パニック、また新型のテロや地域戦闘の瀕発もくわわる（本書〔64〕参照）。

とくに、原子力発電所の見直しが当然ながら日本の世論となって、予測どおり日本の稼動原発は二〇一二年五月にゼロとなった。ここからあらためて、ITからライフラインをふくめた大停電、つまりブラック・アウトの危機が論点となる。たしかに、都市型社会は電力をめぐるモロサをもつが、電力不足にかぎれば、実際には夏の午後、ピーク時のみの問題となる。このため、短期には節電となるが、長期には、自然エネルギーあるいはそのスマート化の技術・制度の新開発をはじめ、発電・送電・配電方式をめぐる電力産業の大改革、とくにその情報公開、この情報の市民による整理が、電力危機への市民管理として不可欠となる。

一般的にみれば、人口、産業、交通、通信の密集する都市は災害に弱く、三〇〇〇万人におよぶ巨大都市東京圏における直下型地震となれば、「地獄絵」のような巨大都市自体の崩壊となる。ここでは、あらゆる構造物におきうるその損壊はもちろん、人々への危害も膨大かつ深刻、さらに地震発生の時間によっては巨大火災の群発となって東京を焼きつくす。

最悪のとき、最大で三〇〇〇万人近くが難民化する。だが、東京から各地に流出していくこの巨大人口の収容は実質どこもできない。しかも、発災時にはすでに、現地の市区町村、都県の政府、それに東京にある国の政府・省庁も瞬時に崩壊しているのである。そのとき、洪水のごとき巨大難民は、〈最悪事態〉として暴徒化もはじまると予測しておく「べき」だろう。この首都圏の破壊は、国の政府・省庁の崩壊とあいまって、それこそ、日本全体のシステム破壊となる。

〔14〕

今回、自衛隊も前例のない一〇万人規模の長期動員という画期をなす、めざましい活躍となったが、「トモダチ作戦」というアメリカ軍の支援も、おおきな意義をもった。かつて関東大震災のときも病院船を派遣したアメリカは、今回も空母中心の艦隊だけでなく、アメリカ本土からも大型輸送機をおくり、人命救助・物資救援などでの大規模援助をおこない、津波にひたった仙台空港の早期復活にも決定的に寄与している。

ここで、私たちの考え方は、「防災」から、都市型社会における市民自身を起点においた、社会自体の「持続可能性」の確保、つまり《危機管理》という考え方に移行する。そこには、かなら

〔14〕

ず留意すべき基本論点として、日頃から、あらゆる安全装置の〈複数化〉がある（本書〔71〕参照）。

くわえて、国内・国外をとわず、支援ウケイレ窓口の多元・重層型設置も新課題となる。神谷秀之さんは、この点、あらためて、外からの救援についての「受援力」を自治体組織としてつけようと、問題提起している。銘記すべきだろう（『地方行政』二〇一二年二月二〇日、時事通信社）。なお、一九七一年、最初の『武蔵野市長期・総合計画』で私が若き日の経験からくみいれたのだが、常日頃から、交通便利でほぼ同規模の複数自治体との「兄弟都市相互援助協定」の締結と、これにともなう日頃の交流も不可欠である。

フクシマ原発では、また、虚偽の「安全神話」のなかで、現場しらずの学者、官僚がつくった国の基準ないしマニュアルへの適合性のみを考え、みずからの対市民責任として、独自基準策定による装備・訓練という考え方をおこたっただけでなく、「本社」では官僚型無能をさらけだし、さらに菅首相が直接阻止したのだがフクシマの〈現場〉からの《撤退》を考えた東京電力の責任はおもい。《撤退》というだけで、東京圏はパニックとなり、日本全体のシステム崩壊がおきて、今日の日本は姿をかえていたはずである（本書〔53〕参照）。

このフクシマ問題は、日本の官治型「国法の支配」をかざす、官僚法学・講壇法学の考え方自体の破綻でもあった。国基準の絶対視という、官僚型法治思考が崩壊したのである。私がたえず、

〔14〕

国基準を〈こえる〉市民基準ないし自治体基準を提起して、「シビル・ミニマム」というかたちでの、国基準のたえざる見直しを提起してきた理由がここにある（本書〔77〕参照）。

さらに、考えるべきは、現地での市民みずからによる《原始自治》という考え方の不可欠性である。消防は各市町村主導だがこの消防、また国や県からの自衛隊、警察、医療などの緊急機動組織が現地に到着する以前、そこにはすでに市民たちの原始自治が出発している。市民間の相互扶助として、ノコギリ、ジャッキによる救出、体をあたためる焚火、また炊きだしなど、《原始自治》がまずその第一歩となる。ここからも、《市民自治》の発想からの出発が起点となる。

また、現地での復興・再生には市民相互の合意が不可欠だが、今回のように日本で周期性をもつ地震・津波への対応には、住宅・産業立地の高台ないし人工台地への移転が不可欠となる。この移転をめぐって、市民間の対立もおこり、合意には時間がかかる。国はもちろん、県、ついで市町村でも、地域の復興・再生計画には、時間がかかろうとも、この《市民合意》が基本であり、一方的にきめられない。この点でも、本書〔9〕でものべたが、マスコミは無責任にもオソイ・ハヤクを連呼して、政府不信を拡大していたにとどまる。

巨大・広域・複合という今回の大震災がもつこの構造論理への対応のムツカシサを、マスコミは理解できなかったのである。反省すべきではないか。そのうえ、今回は、局地型の阪神・淡路

〔14〕

大震災とは量質ともに異なり、国の最大級の支援も現地ではパラパラになるという「広域拡散の法則」がはたらいてしまう。

それだけに、現地の方々の苦難はきびしい。また、時間とのタタカイでもある。とくに、地域特性をもつ現地それぞれでの、復興・再生の手法・技術・計画の開発にも時間がかかる。だが、やはり、土地をはなれた方々をふくめ、現地における《原始自治》による〈合意〉からの出発が、復興・再生の起点なのである。

今回の大震災は、また日本の地震学、原子力工学、さらに危機管理学までを根底からくつがえし、その理論再構築をせまっている。くわえて、これらの理論領域は、これまで、いわば思考堕性として「農村型社会」モデルで考えていただけで、思考の原型を現代型のモロイ構造をもつ「都市型社会」においていなかったといってよい。

日本が一九八〇年代から、農業人口が一〇%をきって《都市型社会》にはいったという基礎前提を、これまで研究方法のなかに充分くみこんでいなかったとみるべきである。阪神・淡路大震災が「ボランティア元年」になったのも、その時点が日本における都市型社会への移行にみあい、参加型市民活動の時代にはいっていたからであった。NPO法もその直後当然つくられる（拙著『日本の自治・分権』第一章、一九九六年、岩波新書参照）。

この点では、近年、市町村、県が自発的に設置しはじめた《危機管理監》とそのネットワーク熟成の今後に、強い期待をもちたい。国についても、実質は出身縦割省庁からのヨセアツメにすぎないのだが、危機管理監をはじめ危機管理担当の各種官邸官僚と連携をたもち、危機時に特設される首相本部長の「緊急対策本部」の中核たりうる、特命採用の市民型専門家による危機管理担当首相補佐官制度の常設を急ぎたい。

○月○日

〔15〕 国家統治から《多元・重層》政治へ

一九世紀の先進国イギリスでいう「政治」という言葉は「議会政治」を意味していたのだが、その後進国フランス、さらにそのまた後進国ドイツでは、政治とは国家統治つまり「官僚統治」だったと、O君はいう。行政法学もフランス、ドイツという「官僚国家」の産物であった。

この仏独の、さらにまた後進国の日本では、明治以来、しかも戦後半世紀をこえる今日でも、明治憲法制定をめぐって新造語された、後進国官僚国家ドイツ系の「国家統治」という発想ないし論理は、二一世紀の日本の官僚法学・講壇法学全体に残っている。だが、都市型社会では、ひろく政治については、「国家統治」の対極にある「市民自治」をめぐる《市民政治》からの出発となる。

〔15〕

最近でも、日本では企業の「舵取り」あるいは「企業経営」でいいものを、わざわざ「企業統治」といいかえている。これは、日本における大企業経営者ないし経済評論家の〈官僚化〉という、後進性をしめす。官僚へのマネないしアコガレがあるのだろうか。困ったことである。日本の経営者は旧官僚型の統治意識をもつため、かえって、最近では、政治家、官僚とおなじく、市民の前ないしテレビ会見で、その企業の責任・行動について、最敬礼でアヤマルことになる。

後進国型のウェーバーの官僚組織論をふくむ、《旧》官僚組織を原型としたドイツとは異なる別系譜で、二〇世紀前半から、先進国型のアメリカ、イギリスなどでは、《新》官僚組織が肥大した。この新型の行政機構の成立、ついで団体・企業の経営機構の肥大について、これをコントロールするという意味で、新しく行政学、経営学がそれぞれ二〇世紀に成立してきた。同時に、この肥大する行政また経営に対応して、社会・政治理論の再編も始まる。もちろん、「二一世紀」の日本の官僚組織は、今日もいまだに一九世紀の国家統治型官僚法学・講壇法学で理論武装する《旧》官僚組織にとどまる。

この政治理論再編については、その後、都市型社会への移行にともなって、次のような二段階に整理することができる。

まず、第一段階では、〈現代〉における（1）社会分業の深化、（2）専門情報の拡大がすすむ

〔15〕

ため、これにみあって政治のレベルでは、(1)圧力団体としての団体・企業の噴出、また(2)《新》官僚組織の肥大がおこる。二〇世紀前半から、アメリカやイギリスでは「実証科学」をめざして、(1)が「政治過程論」の成立、(2)が「行政学」、「経営学」の成立となった。もちろん、本書でたびたびのべるように、この「実証科学」という考え方には私は反対なのだが、アメリカではこの(1)(2)をふくめて、アメリカなみの素朴さではあるが、「実証科学」としての「ポリティカル・サイエンス」という言葉が安易にひろがる。

後進国のドイツでは、政治学でも以上にみた米英にたちおくれ、一九三三年以前のナチス前夜では、いまだ観念学だったのだが、ケルゼン、シュミット、ヘラーの「国家論」の時代であった。おなじく後進国の日本でも、天皇制思想統制もあって現実分析にとりくめず、ドイツのこれらの国家論の導入、さらにはそれ以前のヘーゲルの神秘あふるる国家論への崇拝すらもみられた。ここから、第二次大戦後は、ドイツは日本とおなじく、「素朴な科学崇拝」によるアメリカの「ポリティカル・サイエンス」の導入となる。

だが、現代政治の第二段階として、私の問題設定なのだが、二〇世紀後半から二一世紀にかけて、先進国の政治理論では、上述の(1)(2)をこえて、まず(I)として、〈市民〉という基礎範疇の設定が不可欠となり、ここから**図1**の「転換型」にみる、①市民活動、さらに②団体・企

〔15〕

図1　政治イメージの模型転換

在来型

国家	国家	国家	国家									

転換型

政府	⑤　**国際機構**（国際政治機構［国連］＋国際専門機構）
政府	④　**国**（ＥＵもこのレベル）
政府	③　**自治体**（国際自治体活動を含む）
	②　**団体・企業**（国際団体・国際企業を含む）
	①　**市民活動**（国際市民活動を含む）

業の群生からの出発となる。さらには、（Ⅱ）として、③自治体、④国、⑤国際機構という〈政府の三分化〉をふまえて、「国家論」の終わりとなり、政治理論の新たな再・再編が急務となっていく。このため、一六・一七世紀、近代国家「観念」成立以来の《国家対個人》という、一国主義発想も終っていくのである。**図1**は、この第二段階における、私の政治理論再・再編をしめす。

この現代政治理論の第二段階にみあって、「権力」概念も、市民によって制定された自治体、国、国際機構の各「基本法」、つまり基本条例、憲法、国連憲章にもとづいた、この三政府レベルそれぞれにたいする、市民からの権限・財源の〈信託〉という考え方に変わる。ここから、政治理論は、**図1**の「転換型」のように、私のいう《多元・重層構造》をもつようになる。

従来、「国家権力」というかたちで、仁王様のように実

〔15〕

体化された「権力」とは、「基本法」によって市民から〈信託〉された「権限・財源」運用の、私たち市民個々人にたいする、たんなる心理効果をさすにすぎなくなる。そこには、情報公開だけでなく、内部告発つまり公益通報によっても、これまで〈権力〉という名で市民の目にかくされていた、「政府」のカラクリ、その無責任性、また「政治家」あるいは「公務員」の内幕が、表に出はじめたという背景がある。

とすれば、「近代国家」とは、今日の文明軸である《工業化・民主化》、つまり〈近代化〉の「推力」として、数千年つづいた「農村型社会」から、今日の「都市型社会」への移行の、〈過度媒体〉にすぎなかったことになる。今日、政府が自治体、国、国際機構に三分化したため、国家という言葉もほぼつかわなくなり、観念遊戯だった「国家論」も終わる。二一世紀では当然、以上に私が整理したように、あらためて（Ⅰ）市民主導、ついで（Ⅱ）政府三分化を基本とした、「多元・重層型」の《市民政治》理論への再・再編となる（本書〔63〕参照）。

○月○日

〔16〕 管理・連合ついで簿記

神戸からおみやげの中華饅頭をたべながら、なぜかシェイクスピアの話となった。イギリスは一七世紀、資本主義の最先端となったが、まだヨーロッパ大陸へのコンプレックスをもっていたためだろうか、シェイクスピアは『ベニスの商人』や『ハムレット』などをヨーロッパ大陸を舞台に書いた。

イギリス人たちがみずからの先進国意識を整序するのは、一七世紀の市民革命をへてのちの、産業革命が出発しはじめる一八世紀後半だった。憲法学の祖ともいうべき、有名なブラックストンが『イギリス法釈義』（一七六五―六九）で、「個人自由」は当時、イギリスのみでしか実効性をもたないため、イギリス人の権利だと明確にのべたのは、その早い例だった。そのころ、フランスのヴォルテールやモンテスキューらは、啓蒙哲学の先駆ニュートン、ロックなどのイギリスに敬意をはらうようになっていた。当時のフランスは「イギリス好き」の時代といわれている。

つぎに、話はとんで、一九世紀フランスでの、サン・シモンの「管理」と、プルードンの「連合」という発想の対比についての議論となる。管理は社会を知性によって整序しうるという近世以来フランス特有の知性崇拝、連合は中世コンミューンの伝統に根づく共同体ないし集団の連合を、それぞれ原型にもつ。この管理（→官僚組織）と連合（→連合自治）の相互緊張はまた、現代の都市型社会における多元・重層構造をもつ《社会組織論》の論理緊張を、すでに予示していたといってよい。

この両極発想につづいて、B君はあらたにエンゲルスの「簿記」についての考え方をもちだし、ウエーバーはマルクス、エンゲルスを下敷としてつかっていた話をする。日本では今日もまだ、複式簿記について、その意義の理解も未熟にとどまるのだが、この簿記の文明史的画期性については、ウエーバーの黒正厳訳『世界経済史要論上・下』（一九五四・五年、岩波書店）を読む必要があるとの話にもなった。「資本主義精神」の理解には、日本で流行した「禁欲倫理」をめぐる《人間型》の変容だけでなく、「複式簿記」という《技術革新》も不可欠だったのだ。だが、日本の行政会計方式は明治以来、この二〇〇〇年代でも、いまだに「複式簿記」以前の「大福帳」なのである（本書〔19〕参照）。ここでも日本は中進国なのだ。

○月○日

〔17〕　正統理論の病理学と日本の政党

Y君は、今日の共産党は変ってきたが、かつての共産党による、ほぼ全選挙区での無差別立候

〔17〕

補は、自民党を利していただけだったと批判している。この無差別立候補は、党自体を「唯一・正しい」と考えてきた共産党の病理である、正統理論の産物だと、彼はつけくわえた。ここから戦後史における共産党の位置づけへと、話はうつっていった。

日本共産党の発想は、ソ連崩壊・冷戦終焉ののちも、珍しく党名を変えなかったのだが、私は日本型の超マジメからくる優等生型勤勉性だと持論をのべる。事実、国民の税金からでる政党交付金をうけとらない、「唯一・正しい」政党も日本共産党なのである。

共産党が各選挙区からの無差別立候補をおしすすめたのは、かつての一揆発想の「教条性」を清算し、今度は議会政治についてのおなじく「教条性」からきたのだ、とY君も指摘する。だが、選挙はゼロ・サムゲームのため、共産党のオール立候補は他の野党を不利にして、「官僚内閣制」長期政権をになう自民党に塩をおくる結果になっただけでなく、共産党自身、選挙ごとに供託金の膨大な没収をうけることになった、という。

そのうえ、国会内の政治手続でも、押しボタン方式をとらないとき、ゆっくりした「堂々めぐり」などは野党の権利である「議事妨害」として、国際的ひろがりをもつ、公認の慣行であるにもかかわらず、これも国会「優等生」としての共産党は否定する。

この「議事妨害」は、頭をタタキワルより、頭をカゾエルという位置づけとなる議会政治において、実質、バトル（相対する勝負という〈闘争〉）をレース（同方向にむかう量の〈競争〉）、つまり質対立を量対立にオキカエル、いわば過渡型の政治技術という位置づけとなる。私は選挙手続ないし議会政治を、人類史における「火」の発明につぐ第二の偉大な発明だと位置づけているが、この「議事妨害」は斗争から競争への手法オキカエの歴史残渣とみてよい。もちろん、この野党の「議事妨害」は、多数党の横暴を抑止するという名目でのみ、また世論の許容する範囲でしかつかえないため、そのときは政党としての政治判断ないし政治熟度が問われる。

国会でも、現在、共産党は優等生型教条性をとっているのだが、その国会内〈絶対平和主義〉は時折、結果として「独善」となっていることを、共産党自体どう考えるのか。

かつて、「五五年体制」での「保守」の自民党にたいして、共産党とおなじく「革新」といわれた社会党との比較でいえば、共産党が党独自の教条・組織、つまり羅針盤・エンジンをもつ小型「発動機船」だったのにたいして、社会党は教条はなくマスコミの風のまにまにうごき、組織では労働組合依存＋護憲浮動票というかたちで、地域における党自前の活動はほとんどできない「帆カケ舟」だった。当然ながら、社会党はやがて消失する。

その結果、小型だが「発動機船」の共産党はみずから独自に種々の失敗をするが、マスコミ論調にのる「帆カケ舟」の社会党は都市中心に国会議席のほぼ三分の一を、一時は保持した。

〔17〕

〔18〕

自民党は本書でものべているように、農村型社会での地域のムラ＋官僚組織＋外郭・業界団体というかたちでの、日本の「政官業複合」という、戦後政治構造そのものとしての「包括政党」であったため、つづいたのである。これが、かつての、「一九五五年政党配置」の実状であった。だが、都市型社会の日本における成熟にともない、官僚組織の劣化露呈とあいまって、政党配置は変わりはじめ、二〇〇九年、民主党による「政権交代」となる（日本の戦後政党については、拙著『戦後政党の発想と文脈』二〇〇四年、東大出版会参照）。

○月○日

〔18〕 ヘーゲル、ハイネとドイツ

ヘーゲルのいわゆる「正反合」という弁証法は、それをうけついだマルクスの弁証法とともに、言葉合せにすぎないため、私たちの思考を現実ないし理論それぞれのレベルで、論理緊張を回避させて、ナマケモノにすると、私は学生のころから考えてきた。

戦前、後進国型の絶対・無謬という国家観念の原型を、日本の理論家たちのおおくはこのヘーゲルに見出していたことに、まず今日の若い世代は留意してほしい。日本に戦前から強い影響力をもっていた、このヘーゲルの、「個人欲望」を〈止揚〉する「国家観念」をうちやぶってくれた

〔18〕

のが、金沢の旧制高校時代、四高前の通りにあった「市民文庫」で、戦前の改造文庫版をかりてよんだ、ハイネの邦訳名『ドイツ古典哲学の本質』だったという話を、S君にする。

ハイネはドイツ政治の後進性、ドイツ理論の観念性を、本書できびしく批判していた。ハイネの頃のドイツはプロシアなど領邦の群立状態で、国民統一もできていない単なる地名にすぎなかった。ハイネはこのドイツについて、フランスのニワトリが「カクメイ」と鳴けば、時々目がさめるにすぎない後進地域だとキメツケていた。

マルクスも一員の「青年ドイツ派」でもあった、このハイネのドイツ哲学批判は、当時、カントやヘーゲル、ついで新カント派、新ヘーゲル派のドイツ系が主流をなす、日本の帝国大学の哲学者たち、さらに法学部の理論家たちからは、見向きもされていなかったと思われる。ハイネは「ローレライ」などの詩人として、日本の女学生のみがうけいれていたのは、残念のキワミであった。もちろん、詩人のハイネは、メンデルスゾーン、リスト、ブラームス、チャイコフスキーなどに、その創作意欲を刺激していた大人物だったことを記憶しておこう。

たしかに、私もドイツ系の理論からおおくを学んだ。私が現代アメリカ流の「実証・図式」方法に対立して、《歴史・構造》方法（本書〔26〕参照）を提起しているのは、保守系ではあったが、ドイツの歴史学・思想学の中核人物のディルタイに学んだためである。最近、日本でもあらためて注目されているようで、法政大学出版局からその『全集』が近年、刊行されはじめている。

私は、歴史のなかに社会ないし理論の構造変化をみ、この構造変化についてたえずその歴史をみるという考え方をとっている。いわゆる実証は、局地的に「条件純化」のできる〈自然科学〉の方法であって、「条件複合」の〈社会理論〉では不可能とみているからである。それゆえ、自然科学モデルの《実証・図式》思考は、社会理論でつかわれるとき、全体構造がわからずに、断片だけをうつすスナップ写真どまりの疑似理論にすぎなくなる（本書〔22〕参照）。

社会理論ではこのため、〈構想力〉によって「構造論理」を抽出して、ついでその「歴史条件」を整序する、あるいは逆に「歴史条件」のなかから「構造論理」を構築する、《歴史・構造》思考という方法をとることとなる。例示すれば、私の農村型社会から都市型社会へ、あるいは官僚内閣制から国会内閣制へ、などはこの歴史・構造発想の典型である。

○月○日

〔19〕　行政会計制度は時代オクレ

日本の行政会計制度は、明治にできた『予算・決算令』による大福帳方式がつづいている。国内外の日本の市民や企業などの資産とは別になるのだが、外郭団体をふくむ国ついで各自治体そ

〔19〕

れぞれ独自の連結総借金や連結総資産がどれだけあるか、円ドル関係など日々の数字の変動にたいする工夫も必要なのだが、当事者の財務省・総務省官僚も「公称」のみで、詳細は誰も知らない。したがって、国会・内閣の政治家たちも当然知らない。官僚の現実がこれでは、国会議員も「無知」ということになる。このため、私たち日本の市民も、借金ヅケで国や個々の自治体がいつ破産してもおかしくない今日でも、「無知の天国」に住んでいるようなものである。

国や自治体のムダヅカイも、これまたマスコミの「怠惰」もあって、犯罪関連の個別事例が表にでるだけであった。ようやく、民主党による政権交代後、公開の「事業仕分け」などもはじまり、ポツポツ「財務」つまり政策・事業・経営など各水準の実態を知りうるようになった。一九五五年以来、自民党長期政権はその〈政官業学複合〉のなかで、マスコミを情報欠落においこんでいたのである。日本のマスコミに勇気と能力がなかったからでもあろう。

マスコミないし政治・経済の評論家あるいは学者たちのおおくは、この情報欠落のなかで、官僚内閣制型自民党政権の財務現実には無知だったのである。一時の中進国型経済高成長を「成功体験」として神話化し、今日もノンビリと〈自民党史観〉につかりきっている。

だが、二〇〇七年、夕張市破産ショックもあって、自治体では『財政健全化法』がようやくでき、私のかねてからの主張だったのだが、連結した貸借関係を簡便型ではあれ、はっきりさせる

〔19〕

ことになった。なかでも、「連結」総借金をしめす〈将来負担比率〉の算出をするようになったことは評価してよい。

それにしても遅すぎる。おそくともバブルのはじまる前の一九七〇年代までに、自治体、国ともに、複式・連結への会計方式の転換があれば、自民党政権の長期にわたるバラマキで借金をつみあげた、今日の日本の財務破綻はなかっただろう。国についての旧大蔵省、自治体関連での旧自治省における行政会計方式の大失政がここにある。戦後五〇年余り、自民党長期政権が責任をもつべき、日本の低劣な行政水準がこれである。

O君と私は、かねがね日本の国、自治体の行政会計方式における、時代オクレを議論してきた。たしかに変動要因がおおいため計算しにくいとしても、そこが工夫のしどころではないか。国も、自治体も、その総借金、また時価の総資産がワカラナイのだとあきれている。事実、政権交代にあたって、民主党の国会議員たちは国の財務実態がわからず、いわゆる国の「埋蔵金」についても、自民党をはじめ各党とおなじく「無知」であった。

ここからくる民主党政権のミコミチガイを自民党は批判しているが、コッケイである。否むしろ、自民党国会議員をふくめて国会議員《全体》のこの「無知」は、明治国家型の官僚統治＝官僚内閣制を温存するため、情報の整理・公開を拒みつづけた自民党長期政権の責任ではないか。

〔19〕

事実、五〇年余にわたって政権をになってきた自民党国会議員も、くりかえすが、国の財務現実については野党とおなじく「無知」なのである。大蔵省=財務省自体が、「公称」のみでスッキリわからないのだから当然だろう。これが、ナサケナイ日本の《政治現実》である。

財政学者、会計学者、くわえて政治学者、行政学者もこのような行政会計制度の実状にほとんど関心をもたず、かつて流行した「三割自治」といったような国、県、市町村の間での税金の配分比率という、「財政」のみを中心に考えていただけで、ここでのべているような国、自治体それぞれの行政・経営の効率ないし水準をしめす《財務》には関心をもってこなかったのである。

私は、とくに一九九六年の拙著『日本の自治・分権』(岩波新書)以来、まとまった警告をだしていたのだが、その一〇年後、二〇〇七年の夕張市財政破綻ショック前後、自治体での、総借金の公開をめざした取組みが、簡便方式でようやくはじまることになる。自治体行政会計の東京都方式というような独自工夫もはじまったが、これについてはいまだ試行とみたい。

早くからこの連結財務諸表ないし指数を国、自治体ともにつくっておれば、日本の自治体もムダな借金による、しかも将来は廃虚になるにすぎない、あるいは補修費、改築費に今後巨額がかかる、ムダな「建設事業」はできなかっただろう。また、国全体でも、国際水準からみて破綻というべき、GDPの二倍以上という、先進国国際平均からみて、超絶・異例の巨大借金もつみあげることがなかっただろう。増税してもカエセルあてのない巨額政府借金の今日、結局は自治体、国ともに、大増税ないし財務破綻という、いずれかの切開大手術が必要となる。高齢人口の拡大、総人口の減少のなかで、《日本沈没》を予感させる。

事実、日本における大福帳型の行政会計方式では、国、自治体ともに、（1）借金も収入となるだけでなく、（2）特別会計、また国費をつぎこむ外郭組織については、その累積黒字・赤字は政府会計の「外」に消えてしまって、官僚の専断領域となっているのである。嗚呼。

○月○日

〔20〕 トクヴィルによる「分節政治」発想

E君がはりきって、一九世紀前半、フランスのトクヴィル（主著『アメリカのデモクラシー』は岩波文庫訳あり）がいう自由と平等の矛盾をめぐる、現代デモクラシーの最大論点をあらためて、きりだした。日本の「自由民主党」など、安易に自由民主というが、自由と民主は、いわば〈個人自治対全体同調〉という関係で、本来矛盾する。この論点は、現代マス・デモクラシーの基本難題でもあり、トクヴィルの影響をうけて同時代にこの問題にとりくんだイギリスのJ・S・ミルや、また一時アメリカにわたった二〇世紀イギリスのラスキなどにも、決定的影響を与えている。

〔20〕

この難問は、今日では心ある政治理論家の常識といってよい。

そのとき、トクヴィルは民主政治の《分節化》を考えていた。当時彼は、国がよい仕事をするためにこそ地方分権が必要とのべた理由もここにある。たしかに、「二〇〇〇年分権改革」前の日本における〈機関委任事務〉方式のように、通達・補助金によって、国が各地域の個別問題にまで制度として介入すれば、国・自治体それぞれ独自の政府責任領域がハッキリしなくなって、国・自治体それぞれがモタレアイとなり、自治体は責任政府として「自立」できなくなる。日本の市民、また団体・企業、ついで自治体による、無責任な国へのアマエ、つまりムシリ・タカリもここからくる。明治国家以来の、しかも今日では顕在化した、日本の官僚統治の失敗・破綻の背景がここにある。

この分節をめぐって、個人と国との間の《中間項》の話になる。「国家」観念が意味をもっていた一九世紀における、「近代」国家論はその内部に、一七世紀イギリスのホッブズが定式化した、〈個人対国家〉という緊張をかかえていた。ここから、この個人と国家との間に《何》を設定するかによって、社会についての理論構成は変ってくる。この《何》が中間項問題である。

当時、この中間項に、トクヴィルは前述の分権を設定したが、ミルは知識人、またマルクスは階級、ギールケは団体をおいていた。のちに民族闘争や官僚組織をおく理論もでてくる。共同体

＋身分という中世の多元・重層理論を打破して、最初に〈国家対個人〉という一元・統一の近代国家観念をかたちづくったホッブズにとって、これらの中間項は理論として排除すべき「蛆虫」にすぎなかったが、この「中間項」こそが、その後、各理論家の理論構成を特性づけている。

この中間項は、二〇世紀にはいって、《都市型社会》への移行を反映し、ひろく市民活動としての、自由な〈市民団体〉におかれることになる。英米では市民個人の自由結合という、ミニ社会契約型の「アソシエイション」、今の言葉では「市民活動」＋「団体・企業」を中間項としてあつかう、「政治多元理論」、つまり《分節理論》の構築となる。しかも、このアソシエイションをリベラリズム（自由）とデモクラシー（平等）との対立を〈日常〉で解決するカギと考えていた。

日本ごのみの「コミュニティ」ではムラないしキズナになってしまうが、《市民活動》としてのこの〈アソシエイション〉の提起によって、ホッブズが定式化した〈国家対個人〉という、「国家論」中心の《近代》政治理論は崩壊しはじめ、アソシエイションの〈多元・重層構造〉をもつ、《現代》の「分節政治理論」への第一歩となった。

私は、この中間項問題を、《都市型社会》への移行をふまえながらあらたに再構成して、本書図1（五二頁）にみたように、①市民活動、②団体・企業を「政治単位」におくとともに、「国家」自体を③自治体、④国、⑤国際機構の三政府に分化させて、〈多元・重層〉型の「分節政治理論」を

〔20〕

提起してきた。①市民活動、②団体・企業が、広義には前述のアソシエイションにあたる（アソシエイション観念については、拙稿「巨大社会における集団理論」『日本政治学会年報1957』岩波書店参照）。《分節》、つまり社会のこの多元・重層構成は、［A］市民の参加と抵抗の条件拡大、ついで［B］団体・企業をふくめ、政策・制度の発生源の多元・重層化、さらに［C］危機の発生を「局地」で解決して全体に波及させないとともに、「全体」への警鐘となるような、〈分節構造〉をつくりだし、都市型社会での《市民政治》をカタチづくるというのが、私の基本の考え方となる。

E君には、《政党》の位置づけがないと叱られているが、私は逆に、政党は「社会実在」ではなく、いつでも、またたえず、再編される「政治媒体」なのだと、その理由をあげる。つまり、政党は各政府レベルで、前述の①②③④⑤いずれからも提起されてくる政策の分化・総合をいくつかに（1）〈類型化〉するとともに、複数政党制のなかで（2）政権選択を〈可視化〉しながら、さらに各政府レベルで（3）〈政治家・政権選出〉を課題としていく、政治媒体である。

日本の戦後、自由民主党が半世紀以上つづいた理由は、官僚内閣制つまり明治国家以来の官僚組織が中軸となって政官業学複合をつくりあげ、この官僚中枢が自民党を私党化していたからである。その起点である宮廷官僚系の吉田茂、「満州国」官僚系の岸信介を想起しよう。だが、官僚組織の劣化が明白となった二〇〇〇年代にはいって、自由民主党政権はついに崩壊する。

○月○日

〔21〕　加害・被害と市民社会の論理

子供間のイジメ問題は、長年、国際的にも議論になっている。イジメをまず民法・刑法という市民社会の「一般法」、つまり民法・刑法上の《不法・犯罪》と位置づけ、ついで未成年という年齢への対応、とくに環境づくりを考えるべきだと、B君はいう。私も賛成である。

子供間のイジメについては加害・被害という「一般法」の問題として、まず教師や親、あるいはひろく大人が「覚悟」してあたるべきで、年齢配慮は「その次」だと、B君はつけくわえる。問題をゴマカシテ、加害者の未成年性、あるいは教師の熟度などでスマセラレナイのだという。とくに、デキゴコロ、アソビですむならば、大人の犯罪の多くもデキゴコロ、アソビになる。「市民社会」における、子供をふくむ市民の《相互性》、ついで人権の次元での〈市民自治〉について、子供たちにおける日頃の市民訓練が不可欠と彼はいう。

○月○日

〔22〕　サラバ客観・中立・厳密信仰

いまはおさまってきたが、戦後日本で、マルクスの流行ののち、わずかの少数だったにもかか

〔22〕

わらず、一時、ウェーバー熱がたかまって流行した。O君とこの問題を話す。

彼によれば、アメリカではパーソンズなどがウェーバーにとりくみ、ドイツないしヨーロッパ以上にウェーバーは、一時だが、影響力をもっていたという。そういえば、アメリカのマートンの自然科学成立史も、ウェーバーの影響のもとに、当時としてはよい研究となっていた。だが、日本のウェーバー理解は、マルクス理解とおなじく、訓詁学的教条学におちいり、日本の知性の不毛、つまり非生産性をまたまた示していった。日本のウェーバー研究の実態には、かつてのマルクス研究とおなじく、私は「私小説」ではないが、いわば「私文化」型の自己惑溺という批判をもっていた。

日本のウェーバー研究も、ウェーバーの訓詁学的研究のみで、ウェーバーからの触発による独自業績がなぜうまれないのかについては、O君は、日本の理論家の構想力不足をあげている。マルクスでは、ソ連でもつくられなかった『資本論辞典』を日本のマルクス訓詁学者たちがつくったことは有名だが、ウェーバーでも訓詁学研究で「紙」を浪費していた。残念である。ワシはそんなにムツカシク考えていなかったなどと、マルクスやウェーバーは笑っているだろう。

ひろく一九世紀型の科学信仰からくるのだが、マルクスは「歴史必然性」、ウェーバーは「没価値性」をかかげたものの、これらは既成理論批判をめざしたにすぎなかった。この二人は当時彼

〔22〕

らが直面していた現実課題の解決という、プラグマティックで、かつ強烈な、個人情熱をもつ熱血漢であった。プラトンのイデアのような「眞の理念」というかたちでの、静止した思考をこの二人にみてはならないという点で、Y君と一致する。

たしかに、日本の「社会理論」でも、アリモシナイ、①客観性、②中立性、さらには解釈の③厳密性への信仰が、一九世紀型の「自然科学」モデル、あるいはそれ以前の「儒学」モデルで、今日もみられる。だが、この①②③は社会理論の理論価値ではなく、戦前の「検閲」を反映した、いわば官僚価値というべきだろう。まず、①は政党とくに野党にたいする官僚の防衛基準、②はマスコミからの批判にたいする官僚の規制基準にすぎない。③も官僚の法解釈レベルの問題にすぎない。社会理論では「問題構成」、ついで「価値意識」の《尖鋭性》こそが評価される。

事実、社会理論は私が設定する〈市民自治〉というような個性ある「問題構成・価値意識」を内蔵する、いくつかの《基礎観念》を中核に構成される。この基礎観念を提起しえない社会理論は雑文ないし随想にすぎない。つまり、この①②③は、社会理論の基準ではありえない。

ウェーバーも、第一次大戦敗戦後の晩年、日本で有名なその著『職業としての政治』で、イギリスの「議会政治」にたいするドイツの「官僚政治」の敗北をみとめ、ウェーバーがみずからとりくんできたドイツ型の問題構成・価値意識のマチガイを自認したではないか。

とすれば、社会理論では、(1)幅広い市民合意をうる価値総合性、(2)歴史・構造についての自由構想性、(3)政策・制度の提起による問題解決性が基本特性となる。

中間領域がふえるとしても、自然科学と社会理論は思考類型を異にしていることを、基本としてまず確認したい。実証型の社会理論は、①客観性、②中立性、③厳密性をかかげるため、一九世紀自然科学モデルでのスナップ写真のような、擬似「実証」にとどまり、社会理論としての(1)総合性、(2)創意性、(3)実務性をうしなう。

すでに実証をめざした些末研究には、政治学もおちいっている。ただ国レベルでは国会ついで大統領・首相による統一性を想定するため、外見として、政治学はまとまりをもつように「みえる」だけにすぎない。社会学、経済学はとっくに個別実証研究の分化がはげしく、総合力のある理論枠組としては解体状況となっている。それに、今日では、地球をみまわしても、かつてのような時代を画する理論家もいなくなっている。翻訳学者たちのタネ本もなくなっているのだ。

○月○日

〔23〕〈政府・行政改革〉と政治家の覚悟とは

O君は、政治自体より文化が現代政治を条件づけるという。たしかに個々の政治家はたえず消耗品として、現われては消えるというのは、選挙による先進国政治の宿命だが、カリスマ性をもつ国家観念がうしなわれた今日、たしかに、日本をふくめ選挙が政府をつくる国々では、大統領制・首相制を問わず、いずれの国の政府も荒れる海で〈風〉のまにまにただよう難破船にすぎなくなった。大統領制も安定ではなく、一定の任期がきまっているだけにすぎない。

O君はこの事態をマスコミの「集団狂暴性」からくると位置づけ、マスコミは狂暴性と批判性をとりちがえているという。批判にあたっては、市民の視角からする「寛容」という、共通の市民価値への〈たえざる〉確認が不可欠ではないかと、強調している。ヤッツケルだけではいけないというのが持論である。

私は別の視点となるのだが、一九五五年以来、自民党政権が半世紀以上つづいたため、テレビなどに登場する日本の政治評論家たちの思考体質ないし思考原型は、官僚内閣制型官治・集権の《自民党》そのものと同型だとみている。これを私は《自民党史観》という。

政治評論家たちは、まず〔1〕明治以来、官僚主導の官僚内閣制型政治・行政調整を基本におき、ついで〔2〕かつては党内で多額のゲンナマも動いた党内対立・調整をみるだけでなく、さらに〔3〕はじめて野党になったため、国会論議で対立をあおる二代目、三代目政治家の「幼稚化」がめだつ自民党政治家とおなじく、政治評論家たちも民主党内閣の扱い方がワカラズ「幼稚化」している。だが、政治評論家たちも、〔4〕明治国家型の官僚法学・講壇法学からくる官僚・行政主導の「官僚内閣制」の発想に埋没して、また〔1〕に回帰していく。これが政治評論家たちの《自民党ボケ》の実態である。

だが、自民党自体は逆で、時代錯誤の明治憲法型思考をカタチにする憲法改正草案づくりに情熱をかきたてている。自民党みずからの責任である財政破綻・フクシマ問題、また「国会内閣制」の未熟などをめぐる、日本政治における基本の改革課題を忘れ、政治自体を「憲法改正」へと《観念化》していくのである（本書〔76〕参照）。このため、現実には政権復帰の願望だけが残る。

政治家個人レベルでみれば、ここでは、官僚の「裁量」という行政利権への「口利き」ないし「ムダヅカイ」を政治と思いこんでいる、国の与野党のおおくの政治家には、「国権の最高機関」ないし〈立法権〉をもつ国会が国の官僚組織を改革・再編するという「覚悟」は、〈政権交代〉後の今日もできていない。日頃、職員に「お世話」になっている自治体の「口利き」ないし「ムダヅカイ」の政治家も、自治体職員機構の再編について、立法権による条例制定を首長とともに提起する「覚悟」はもっていない。

〔23〕

それに、国、自治体いずれの議員も、自分は「覚悟」の決断をおこなう〈政治家〉という自覚すらないサラリーマン気分にひたって、議員報酬、くわえて多種・多額の手当などをむさぼる。選挙に多額のカネがかかるならば、政治家をやめればよいではないか。

ついで、信頼ある情報があって、はじめて政治家は「覚悟」して決断できる。信頼ある情報は信頼あるスタッフとその組織からくる。日本の大平洋戦争開戦も、当時の企画院がつくった日本の生産力についての偽造水増し数字が、その一因であったことは有名である。ブッシュ大統領のイラク侵攻も、大統領個人スタッフ、またアメリカ情報担当各組織のガセ情報からはじまった。ここで、官僚内閣制型の日本政治における省庁官僚の情報集約・整理・公開の低水準が、あらためて問われる。

S君は、くわえて、自民党政権が先オクリして、〈日本沈没〉状況をつくりだした、その未解決の課題があまりにも巨大かつ複雑なため、政治はいわゆる「理想の実現」というような通俗の考え方は捨てさるべきだという。政治家の決断事項は今日では、いわば〈前任者たちの後始末〉そのものについてであるという。たしかに、小泉首相がカキマワシタあとの日本政治、ブッシュ大統領が誤断したあとのアメリカ政治などなど、後始末は大変である。ついに日本では、二〇〇九年、半世紀余の官僚内閣制自民党長期政権は終って、民主党への政権交代となるのだが、小泉首相のポピュリズム政治への反動がその背景にある（本書〔2〕参照）。

もちろん、今後も《政権交代》によって政治の「局面転換」ははかれるが、それでも半世紀余

〔23〕

の歴代自民党官僚内閣制内閣の〈負〉の遺産はあまりにもおおきく、民主党新政権に想像以上の重さでのしかかる。くりかえすが、(1)政府の巨大借金は、とくに(2)フクシマの原発問題とともに、〈負〉の典型であり、これに基本なのだが、(3)〈官僚内閣制〉、とくに官僚たちの専門であるべき「情報の集約・整理・公開」の未熟がくわわる。この(1)(2)(3)は、自民党長期政権の「大罪」というべきだろう。民主党内閣は、この(1)(2)(3)を自民党政権責任として、たえず明示すべきなのだが、《政治》を知らないためか、いつも民主党政権の責任にスリカエられて「負け犬」となっている。

今日の日本の政治家にとっては、ひろく、以上の自民党政権の「後始末」という文脈での、先送りで累積させた、(1)(2)(3)という失政の修復こそが、政治家の〈覚悟〉ないし〈決断〉をめぐる直接の課題となる。ここを論点として整理できない日本のマスコミ、政治評論家について、私は〈自民党史観〉への埋没による、自民党ボケといっているのである。

S君は、また、後発国では先進国を目標ないしモデルとするため、中進国では経済高成長による財源のいわゆる自然増によって、政治家・官僚が創造性ないし生産性を発揮しているかのように「みえる」だけだという。明治維新の後進国日本、一九六〇、七〇年代では高成長だった中進国日本もそうだった。日本の経済高成長は「優秀な官僚」の産物という見方も幻影だという。

なお、先進国では、政治は情報公開からくる、たえざる議論と圧力のなかで、O君が前述したマスコミの「狂暴性」をのりこえて、むしろ《問題解決》という、プラグマティックな〈社会工学〉となっていくべきだと私は考えている。そのうえ、都市型社会に移行した先進国では、時代の課題変化が早いため、自治体・国・国際機構それぞれの政府・行政機構の〈たえざる〉再構築による問題解決の加速という実務が、政治の中核課題となる。つまり、政治家たち、また国の官僚ないし自治体の職員が蓄積する「既得権」の〈たえざる〉解体・再編という力学のなかでこそ、《改革派政治家》の「覚悟」と「決断」が問われる。S君も、そこでの改革派政治家の課題は、《政府・行政改革》という広汎かつ無限の連鎖なのだとつけくわえた。

○月○日

〔24〕 政策・制度づくりと「知識人」

B君がマンハイムについて問題提起をする。マンハイムがまとまったかたちで、はじめて提起した《政策理論》としての『変革期における人間と社会』(一九三五年、イギリス亡命後の充実した新版は、みすず書房からの邦訳あり。この本は「大衆社会」という言葉の初出としても著名)について、日本のマンハイム解釈では、『イデオロギーとユートピア』『政治学は学として可能か』などの初期知識社会学系の仕事に比べて、「二流」とみなされていると、B君は指摘してくれた。

〔24〕

私は社会理論が政策・制度理論に飛躍する画期的先導となった著作だと、とくにイギリス亡命後のこの新版をたかく評価するのだが、日本では正反対の位置づけとなっていることになる。これまでの日本では、知識人が「現場」で政策・制度づくりの「経験」をほとんどもたない書斎人ないし口説の徒のため、この本の意義と価値について理解できないのだと、S君もいう。

結局のところ、私はかつて学生たちに思考例としてあげていたのだが、「恋愛論を研究」することと、「恋愛をする」こととは、思考方法として、全く異質だということである。これまで、日本の学者ないし理論家は、生活のなかで問題をみいだし、《問題解決》の方策としての〈政策・制度づくり〉の必要と経験をほとんどもたないため、後期マンハイムを理解できないのである。

いわば、日本での理論とは、近代化をめざして、日本という後進国が先進国理論に「追いつけ」のためで、ルソーやレーニン、またヒトラーまでふくめ、アコガレの「泰西思想」つまり恋愛論の研究にとどまっていた。「日本の現場」における《市民》の「実務」としての《問題解決》をめぐる〈政策・制度づくり〉、つまり恋愛作戦の次元は、書斎学者は考えてもいなかった。

戦前から「理論と実践」の矛盾といわれた論点もここにあった。そのとき、「理論」とは先進国モデルの輸入外国理論であり、「実践」は後・中進国としての日本の「現実」であるため、そのズレをめぐる惨憺たる分裂状況が、そこにあった。「漱石」や「鴎外」がその典型である。

このズレをうめはじめたのが、一九六〇年代以降、都市型社会にはいりつつある日本での、「知識人」の再生もくわわる、市民活動の出発であった。日本でも、ようやく、明治以来の国家統治にたいする、私たち市民の何デモハンタイ、あるいは何でもオネガイシマスという、オカミをめぐる「思考停止状態」は終って、あらたに政策・制度解決をめざす《市民活動》の出発となる。

今日では大学カリキュラムの再編、また関連学会やシンクタンクの群生とあいまって、市民活動の実効性がたかまっている。拙著『政策型思考と政治』（一九九一年、東京大学出版会）は、この問題を先取りしてまとめておいた。とくに、役立たずの日本の政治学の解体が私の予見したようにはじまり、たとえば政策学部、政策学科などに移行しはじめている。

○月○日

〔25〕《思いつき政治屋》と自治体計画

都市型社会における《市民》の可能性をつくりだしていく工業化・民主化という〈普遍文明軸〉は、また逆に、今日では地球環境の「破壊」だけでなく、地球規模で現代型の「愚民」の登場の条件ともなる、とE君は考えている。この現代型の愚民化は、フランス革命の現実をみて、〈マス化〉を予言したトクヴィル以来の〈難問〉である。最近、日本でも自治体の首長のなかに幾人も

〔25〕

の《思いつき政治屋》いいかえれば《ミセカケ政治家》の登場がみられ、マスコミによるポピュリズム煽動、デマゴーグ礼讃すらすすむ。デマゴギーとニュースの「区別」が、新しく私たちの思考にとって、大急務となってきたのである。

多元・重層型に成果をつみあげる市民活動との連携ではなく、二〇一〇年前後から、日本でこれまでほとんど出現しなかった、大衆煽動を「見える」かたちにする、新型自治体首長による《思いつき政治屋》が登場し、これをマスコミが無責任にもハヤシたて、デマゴーグにシタテあげる。

その登場の理由は三点ある。(1)日本の国の政治家は、国会・内閣の同僚にかこまれて個性を発揮しにくく、せいぜいポピュリズムどまりだが、日本の自治体では議会との均衡をめざすものの、首長たちは大統領型の「独任制」のため、その影響力をレトリック＋マスコミによって肥大させうる。(2)国の首相は一人しかいない重責を感じさせるが、多くの首長のなかの一人としては、デマゴギーつまり大衆迎合のなかでレトリックをつかえば、いつでも「テレビ映像」となる。(3)いまだにつづく国の官治・集権政治のなかで、各自治体におけるその行政の低水準、また巨大借金にたいする〈市民批判〉という重圧がつねに首長にかかっているため、首長は次から次へと改革論点を「思いつき」として、たえず、ださざるをえない状況に追いつめられる。

だが、政治は、最後には「思いつき」のレトリックではなく、中・長期の法務・財務改革（本書

〔25〕

〔56〕参照）で真価が問われるため、「思いつき」だけではその自転車操業となる。それゆえ、「思いつき」の提示には、数カ月、よきブレーンたち、あるいは地域での友人たちとの検討の期間をおいてのち、政治家として自信をもって、バランスのある提起をすべきではないか。

〈現代政治〉では、「思いつき」ではなく、市民のシビル・ミニマムの公共整備＋危機管理という、持続する、多元・重層の社会工学となるため、さらに一歩すすめて、《自治体計画》の策定が不可欠となる。

基礎自治体という市町村の政策は、広域自治体の県もおなじだが、市民ついで職員の参加手続による、中期・総合の《自治体計画》を策定すべきで、「思いつき」の連続ではイケナイというのが一九七〇年代以来の日本の自治体が蓄積した常識ではないか。事件屋の記者たちの不勉強で、《自治体計画》の意義と課題がほとんど記事にならないが、自治体計画の成果を着実につみあげている首長たちは多い（自治体計画については、本書〔12〕〔32〕〔33〕〔37〕〔42〕〔61〕〔67〕〔68〕〔71〕〔72〕〔77〕、また拙論「二〇〇〇年代の自治体計画」、拙編『自治体改革＊歴史と対話』二〇一〇年、法政大学出版局所収を参照）。マスコミの記者諸君も、記者会見オッカケから自らを解放し、ひろく日本の《自治体改革史》に目をくばるべきであろう。

［補論　この《自治体計画》には各自治体での自治体財源の包括保障が基本要請となる。まず、〔1〕固有財

〔25〕

源としての自治体税では当然今後の再編・拡充を考えるが、問題は［2］自治体間財源調整である。現在、総務省所管の微細な配分基準の(1)「地方交付税交付金」、また各省恣意配分方法の(2)「補助金」があるが、これを、市町村、県それぞれで合算して〈自治体間調整基金〉としたい。ついで、各市町村、各県への配分基準は細分化せず、客観基準に徹して単純化する。つまり、各自治体の①人口・面積に正比例し、②経済富裕指数に逆比例させて配分率を一律にきめ、これに、③高齢者率、こども率、積雪率による配分を加算する。全自治体連合で、この［2］についての自治体間合意ができれば、国、自治体ともに、前述(1)(2)のシゴトがなくなるため、それぞれの人件費一〇％は減額できる。また国には［3］「災害特別積立金」を設ける（くわしくは、拙著『自治体は変わるか』一九九九年、岩波新書、三四頁以降参照）。市町村間、県間の自治体間調整は、このようなマクロの戦略合意ではじめて可能となり、自治体は国の省庁の財源支配からはじめて、解放・脱却できる。

二〇〇〇年代の《自治体計画》は、既成借金は当然各自治体の責任となり、高齢化・人口減もあって、当然、ムダをはぶく計画、つまり市民のシビル・ミニマムの保障を基本とし、各種既得権の「縮少」計画となる。また、今日の自治体計画は、五年前後の中期計画となり、その後の後期五年前後は予測にとどまる。なお、国の包括性をもつ経済計画・国土計画は中進国型のため、とっくに終っている。〕

○月○日

〔26〕 社会理論と市民型政治家の思考

Y君と科学型の実証理論について話しあった。自然科学と社会理論との中間領域がふえてきたとはいえ、《自然科学》では今日でも未知と既知の境界がほぼはっきりしており、さしあたり「自然の等質性」を想定のうえ、「仮説・実験」の循環をくりかえしながら、未知の領域を一歩一歩既知の領域に転換していく。これが〈実証〉ということになる。しかも、新しい既知の情報がふえれば、また整理されれば、ある瞬間、既成の旧理論から新理論へという、〈図式〉の飛躍をうながすことにもなる。

だが、《社会理論》は、ある地域、またそのある時代において、社会の「構造」がかならず異なるため、自然のような「等質性」を想定できない。ここから、社会理論では、特定の約束のもとで、モノ、カネ、ヒトにかかわる、「量」についての統計・推計はつくりうるとしても、社会の「質」つまり「構造」にかかわる、「社会調査」という名の〈全〉実証はできない。

自治体の研究でいえば、日本でかつては三三〇〇、今日では一七〇〇の市町村があるのだから、深みのある〈全〉実証研究はもちろんできない。もししたとしても、省庁がやるような限られた特定少数項目のみでの表面調査となる。とすれば、自治体の「構造」については、理論家が特定

〔26〕

の問題意識によって、「歴史」がかたちづくった条件のなかで、いくつかに〈類型化〉される、それぞれの特定自治体について、「典型調査」しかできないことになる。つまり、自治体間比較としては、各典型自治体の〈模型化〉となる。

条件複合の社会理論では、このような《個性》をはじめからもつため、本書〔18〕でみた《歴史・構造》思考にならざるをえない。そのうえ、社会、公共、法、政府、国、自治体、政党といった基礎概念自体も、それぞれの文化圏やその各歴史時点、あるいは各理論家でも、意味の〈文脈〉が異なる。社会理論の飜訳のむつかしさもここからくる。

とすれば、社会の「歴史」「構造」の〈類型〉化をめぐっては、その前提におく「理論構成」についての、理論家個人の幅広い構想力、ついで独自の熟達した方法論が前提となる。そのとき、《価値普遍性》をもつ、たとえば市民ないし自由、あるいは自治・共和、また都市型社会など、価値観念ないし基礎概念の設定による、社会の歴史・構造への責任ある透視も不可欠となる。

《近代化》をめぐって、この《歴史・構造》思考を試行したのが、経済ではマルクス、社会ではウェーバー、思想では精神構造論のディルタイだった。政治では、ロックが第一歩をきづいたのだが、ようやく「現代政治」をめぐって、一九五〇年代アメリカのパワー・エリート（政官業複合の歴史・構造を問題としたミルズ（本書〔8〕〔22〕参照）をつけくわえたい。

この〈歴史・構造〉思考はまた、市民型政治家の思考でもあるはずである。政治家の《構想》には、彼がめざす歴史課題・社会構造にむけての、市民型〈問題解決〉のための「政策・制度」提起が、政治家自身の価値観念・基礎観念の普遍性とともに、不可欠だからである。政治家が、市民、ついで理論家層と思考を共有して、同型性をもつことが、政治熟度の個人蓄積とあいまって、都市型社会での市民政治における基本要請となる。

○月○日

〔27〕 歴史・構造、政策・交渉、制度・手続

先日は「構想と選択」をめぐる、社会についての(1)〈歴史・構造思考〉の議論となったのだが、今日は社会における対立についての「予測と調整」についての思考、つまり(2)〈政策・交渉思考〉について話がすすんだ。

この(2)政策・交渉思考はアイテのある戦略・戦術思考ともいえるが、その古典が孫子やマキアヴェリ、またクラウゼヴィッツなどの思考である。Y君とこの思考をどう名づけたら、わかりやすく適切かを考えたが、さしあたり〈政策・交渉思考〉でよいということになる。

この政策・交渉思考については、スキキライをべつとして、とくに「戦争と革命」の時代だっ

た二〇世紀前半では、後・中進国型だが、レーニン『何をなすべきか』、ヒトラー『わが斗争』、毛沢東『実践論』（以上の邦訳は、前の三者とともに、各種ある）の思考を注目すべきだということになる。もちろん、洋の東西をとわず、現代政治家の回想録なども、これにくわえる。

日本の政治家、官僚、外交官、また経営者、あるいは理論家やジャーナリスト、これに弁護士、公認会計士などをふくめ、「予測と調整」をめぐる、この(2)〈政策・交渉思考〉の思考訓練をほとんどもたない。ムラ思考のマアマアでなければ、学校優等生の官僚思考にとどまっている。ここが、とくに、国際社会で比較される、日本の政治ベタ、外交ベタ、商売ベタの背景である。

二〇〇〇年代になって、あらためてみえてきた「日本没落」は、ここでいう(2)の欠落からもきているといえるだろう。それゆえ、今日、ムラ＋官僚統治、つまり〈閉鎖文化〉の日本であらためて、教育や企業、さらに社会としての、異文化交流・異文化交渉が強調される。

ひろく政治思考には、「構想と選択」の(1)〈歴史・構造思考〉、ついで「予測と調整」の(2)〈政策・交渉思考〉の二種類だけでなく、さらには「組織と制御」をめぐる(3)〈制度・手続思考〉がある。

この(3)の思考の典型をあげれば、「近代」初期、市民政治理論の古典をかたちづくったロックの『市民政府論』、アメリカ憲法に直接つながるアメリカの建国の父たちの『フェデラリスト』、ある

〔27〕

いはカントの『啓蒙とは何か』などに、その原型をみる（ロック、カントは岩波文庫邦訳）。この第三の思考は、通常、メンドウな「規範」論などといわれがちだが、社会ないし政治の安定をめざす〈制度・手続思考〉のレベルとみたい。つまり、社会の「組織・制御」をめざす思考である。

近代以降の《民主政治》への出発の特性は、この第三の制度・手続思考の構築、これだったのである。今日では、①地中海古代都市が発明した参加＝共和政治、②ヨーロッパ中世の法治＝立憲政治、③ヨーロッパ近代が創出する個人自由＝市民主権、ついで④現代のシビル・ミニマム＝生活権保障という、人類史におけるこれらの普遍規範論理の遺産が、この〈制度・手続思考〉に集約されていく。

このように、政治思考を〈歴史・構造思考〉、〈政策・交渉思考〉、〈制度・手続思考〉という三レベルに分類できるならば、一九世紀の旧自然科学モデルでの、つまり全体構成を透視できない、ミクロのスナップ写真にとどまっている近ごろの社会理論での実証研究は、役立たずであるとともに、研究費をつみあげても実証しきれないため破綻していくと、Y君にのべた。

事実、《社会理論》の課題は、ミクロの個別領域における初心者訓練用での実証はともかく、マクロでの実証は条件複合で不可能のため、私たち市民による〈問題解決〉、つまり政策・制度づくりによる、しかも普遍価値をもつ「合意」の構築にある。

○月○日

〔28〕 市民活動は衰退したのか

日本はまだ貧しく、ナイナイづくしで、とくに公害問題のきびしかった一九六〇年代から一九七〇年代には「市民運動」とよばれたのだが、その当時とくらべて、今日、市民活動は衰退しているのではないかと、時々、問われる。このような問を発する方々には、北朝鮮拉致問題、薬害問題、年金管理問題、原発問題、あるいはゴミ問題、緑化問題、地域づくり問題、さらに地球環境問題、また震災ボランティアや福祉、文化などなどをめぐる市民活動、あるいは制度化された市民活動としてのNPOやNGOなどを、まず私はあげる。

私たち市民一人一人が「当事者」として、みずからの「生命・自由・財産」をまもるためだけでなく、さらに自由・平等、自治・共和という「普遍市民政治原理」にもとづいて、自治体、国、国際機構の政策・制度改革をめざす《市民活動》を、日々かたちづくっていく。

連日、テレビ、新聞のニュースの多くは、それゆえ、今日では市民活動を報じているといって過言ではない。泥棒、殺人、事故、さらに災害でも、その報道をめぐっては、警察、消防などだけでなく、これらに関連した市民活動もニュースにのってくる。健康・福祉、産業、地域づくりのニュースのほどんども、市民活動なくしてはなりたたない。

官治・集権型の日本における行政ですらも、最近では「行政用語」として市民との「協働」という言葉をとりいれている。私がかつて『市民自治の憲法理論』（一九七五年、岩波新書）で批判したのだが、《官治》、つまり東大の田中二郎教授らの戦後一世を風靡した行政法学教科書でのべていたような、「官」つまり庁内のみによる「一方的決定」はもはやできなくなっている。この事態を、市民と行政との「協働」という「行政用語」の登場が確認している。

官治型行政法学の破綻・敗北はこの「協働」という「行政用語」の成立に明確ではないか。今日では、官僚たちが立案している国の法令ですらも、市民活動を法ないし条文としても想定せざるをえなくなっている。もちろん、私自身は《市民自治》が起点なので、行政が結果としては市民をトリコム「協働」という、この「行政用語」には反対である。

現在、私たちの市民活動はあまりにも日常現実となっているため、かえって見えなくなっているだけである。批判型、参画型、いずれにせよ、市民活動を前提としなくては、市町村・県、また国、あるいは国際機構の各レベルでの政府・行政の存立自体が考えられない事態となっている。

では、なぜ、市民活動が不可避となるのか。農村型社会では、ムラが共同体として人々の生活保障をおこなっていたが、このムラが崩壊する都市型社会では、「金持」をふくめてほとんどの人々がプロレタリア化しているため、労働権だけでなく、シビル・ミニマムをめぐる生活権（憲法二五条）の保障が不可欠となるからである。都市型社会では市民活動は《必然性》をもつ（本書〔77〕参照）。

くわえて、《都市型社会》では、プロレタリア化した市民を主体として、（1）工業化にともなう「余暇と教養」の拡大、（2）民主化にともなった「参加・選挙」の制度整備、ついで（3）自治・共和をめざす「市民文化」の形成がすすむ。

都市型社会での私たちは、社会分業の深化からくるのだが、②専門をもつ「職業人」、③収入が必要な「勤労者」であるだけでない。基本としては、①「生活者」としての〈市民〉という、三面性をもつが、この①〈生活者〉としての市民が基体となる。この市民が「市民活動」への出発となり、《市民文化》を熟成させていく。

そのとき、生活の土台としての地域において、〔1〕エコロジー、〔2〕地域史、〔3〕デザイン政策が、〈見える〉市民文化としての、地域個性をもつ、美しい生活空間ないし地域景観をかたちづくりうる。市民については、それゆえに、私たち市民自身の、市民訓練をとおした「見る目」が不可欠なのである。この「見る目」がなければ、《市民活動》は見えなくなる。

B君は、サッカーの〈サポーター〉活動を、日本における地域を起点としたスポーツ市民活動の誕生と位置づけていた。従来、スポーツは学校単位ないし企業単位だった。しかも、従来の〈ファン〉活動にはみられない、活力と創意、さらに色彩と参加を、サッカーのサポーターは日本で新しく、地域文化として造出したというのである。日本のこのサポーターたちによる市民型のエネルギーとマナーは、ひろく評価したい。

○月○日

〔29〕 餅状のムラ・砂状のマス

デモクラシーをかたちづくる制度の虚構性を、まずE君はとりあげた。たしかに君主制は古来の、いわば家長をモデルにするという「自然」な原型性をもつ。だが、民主制は社会を構成する個人が、選挙といった制度手続で虚構の君主、つまり代表としての「長」をつくりだすという意味で、いわば「不自然」な制度というべきだという。

ついで、「大衆」（マス）といわれるのだが、B君はデモクラシーにおける人々の「低位平準化」の傾向、いわば「現代型愚民性」を、問題とする。だが、彼の関心は、この現代デモクラシーの政治主体である私たちについての愚民性そのものにあるのではない。いわば、市民の政治習熟という、現代市民としての〈貴族性〉、つまり自治・共和という《市民文化》をいかに熟成するかに、論点がある。デモクラシーは愚民を前提としては成立しないからである。

〔29〕

だが、彼はペシミズム基調、私はオプティミズム基調であることは否定できない。私は最初の拙著『市民政治理論の形成』(一九五九年、岩波書店)での思考訓練をふまえているため、「戦後」という若き日に理論構築した、この普遍市民政治原理からの出発となっている。

当時の日本はマス状況以前で、ムラ+官僚統治が《現実》であった。E君の立論は、今日における民主政治の愚民デモクラシー化、さらにはマスコミにおける現代デマゴーグ=〈思いつき政治屋〉ないし〈ミセカケ政治家〉の登場という《現実》をみているからであろう。話は、このため、それぞれの考え方における力点のちがいのなかで、循環してしまうことになる。

E君は、現在、ITへの匿名カキコミ問題が、この現代デモクラシーにおける愚民性という構造問題を明示すると指摘する。日本でのIT普及初期のカキコミは賢人世論の成立可能性をかいまみせたが、IT普及の拡大にともない、賢人世論もみられるものの、今日では欲望の闇市状態ともいうべきカキコミとなったという。

テレビでもこの問題を時折議論しているが、倫理次元に解消して、発言者は道学者となる。それに便利と犯罪のオイカケッコのITでは、技術や規制の問題ものこる。だが、そこには、B君のように、トクヴィルが予測した「愚民政治」の《現代性》という水準にまでたかめられた自覚と論理がないのが、残念である。だが、もし、テレビがこの論点をとりあげたならば、コマーシャ

〔29〕

ルをふくめ、活劇仕立てのテレビ放映全体が愚民性をもつという論点がでるため、とりあげえない。テレビとしてはやはり「消費者は神様」なのである。

現代文明ないし現代デモクラシーの構造問題として、この「現代型愚民政治」を位置づけたい。マスコミはすでにみたように、ここを争点にできないため、マスコミ自体も、たえず、大衆追従というポピュリズム、あるいは思いつき政治屋ないしミセカケ政治家へのオッカケにおちいってしまう。そのうえ、このオッカケでは、マスコミの記者たち自身が相互興奮して、テレビ画面にみずからの愚民性をさらけだす。

かつての農村型社会では、「餅」状のムラ共同体が愚民性をおおいかくしていたが、都市型社会の成立はこのムラ共同体をきりくずして、個人を「砂」のごときマスにしていくため、「余暇と教養」という、かつての貴族の生活条件をもつにもかかわらず、かえって私たち自身の「愚民性」が、マスコミを媒体に「画一」化されて社会全体に流れでる。

このE君の論点は、日本の体制神話としての《戦後民主主義》をラディカルに批判することにもなる。若い世代では、この「現代型愚民性」への批判という論点からの再出発が不可欠なのであろう。歓迎したい。

一九六〇年前後、私はこの「戦後民主主義」の表層性を、日本が中進国である理由でもあるの

〔29〕

だが、経済の高度成長がうみだす過渡型の、ムラ状況（農村型社会）・マス状況（都市型社会）の「二重構造」＋官僚統治という、日本の政治構造の現実から考えはじめ、《市民活動》による底辺からの〈地域民主主義・自治体改革〉というかたちで、その表層性の突破戦略を構想した。

当時のいわゆる「保守」「革新」両系ともに、政党としても、また理論としても、戦前以来の官治・集権型《官僚内閣制》を基軸におく、いわば〈マスコミ神話〉としての「戦後民主主義」にドップリつかるという状態であった。このため、私なりにこの「戦後民主主義」の表層性への批判をおしすすめ、その後、市民自治→自治体改革→国会内閣制という、市民政治の造出をめざしていった（当時の日本分析については、拙著『現代日本の政治的構成』一九六二年、東大出版会参照）。

E君たちの世代の前には、いまだにムラ状況をのこしながらマス状況の成熟をみる、二〇〇〇年代の今日、現代民主政治固有の問題性である「愚民デモクラシー」は、「デマゴーグ」＝思いつき政治屋・ミセカケ政治家の登場をまじえながら、現実となってたちあらわれている。

若い世代にとっては、「愚民デモクラシー」への批判からの出発しかありえない。そのとき、私のいう《多元・重層構造》をもつ、現代の〈市民発民主政治〉つまり《市民政治》の成熟可能性をあらためて問うことになる。

○月○日

〔30〕 行政は劣化どころか崩壊

明治以来、カリスマ性をもっていた絶対・無謬という「国家観念」は、二〇〇〇年前後、日本でも崩壊して、この国家観念によってかくされてきた政治家の未熟、官僚の劣化が露呈し、とくに社会を組織・制御する、政治の溶解ついで行政の崩壊が、国、自治体の大借金はもちろん、法制ないし政策・制度の時代錯誤、さらに個別公共基準についての偽装ないしゴマカシの露出、これにともなう法規・会計などでの基準の形骸性までが露呈し、日本の社会自体の存立条件の《解体》というべき事態にまでいたってきた。

これらの問題点は、長く潜行していたのだが、「市民参加」「情報公開」、さらに内部告発としての「公益通報」の制度化によって加速され、二〇〇〇年代になっての〈政権交代〉もあり、白日のもとにさらされることになってきた。

［補論　自民党内閣時代の二〇〇七年、省に昇格したばかりの防衛省から火を噴いたのだが、その初代事務次官の逮捕をみた。この防衛省汚職ではっきりしたことは、（1）証拠文書はいつでも燃やせる（だが準則がないため防衛省での処罰ナシ）、（2）防衛省への商社の水増し請求は製造会社の請求書を偽造しておこなわれる（だが防衛省で見抜く能力ナシ）、さらには（3）有事に対応した防衛省幹部の連絡体制の不備（だ

が防衛省は対応能力ナシ）まで、私たち市民の目にもあきらかとなる。そのうえ、最新鋭のイージス艦についての機密情報モレをふくめ、自衛隊の〈軍〉としての問いなおしが問題となる。防衛大臣も辞任をふくめて一年に五人かわるという事態となりはてている。」

〔30〕

防衛省だけではない。今日、「政治」とは別の次元で考えるべき日本の「行政」では、官僚組織の基本ないし存在理由としての（1）「専門能力」、さらに情報公開時代ないしＩＴ時代にふさわしい、みずからについての組織・情報の（2）「管理能力」すらもたないのである。

この二〇〇〇年代は、「行政の劣化」どころか、社会保険庁をふくむ厚生労働省、原子力安全保安院をふくむ経済産業省、また財務・財政問題をめぐる総務省、財務省などなどの、各省庁における「行政崩壊」が、情報公開についての国会のようやくの覚醒のはじまりもくわわって、明白となってきた。

ここでの私の論点は、今日「流行」といわれている、官僚バッシング、公務員タタキではない。明治以来、今日もつづくのだが、［1］《国家統治》をかざす官僚法学による理論武装、ついでここでみた［2］専門・管理能力の欠落、また後述する［3］官僚特権の蓄積を整理することによって、日本は《市民自治》を基点とする〈市民政治〉をきずきうるかを問うことにある。今日、私たち日本の市民は、国の官僚組織をどう再編するかという、市民戦略をもつべきではないか。

○月○日

〔31〕官僚の生態露呈は日本転型の始まり

O君は二〇一〇年前後から、元官僚という新種のテレビタレントがあらわれたという。これを私は、日本転型の始まりだとみている。ヤメ官僚たちが、省庁官僚の生態を公開して、「正義の士」になり、官僚退治が専門にみえる小政党も幹事長にはヤメ官僚がなっている。

私はこの事態を、さしあたりのみだが、歓迎したい。〈政治主導〉をかざした《政権交代》とかさなって、明治国家以来の、しかも戦後も半世紀余、自民党長期政権をかたちづくってきた官僚統治ないし官僚内閣制が、この二〇一〇年前後、今一つの崩壊の前兆をもったからである。

かねてから私が提案しておしすすめてきたのだが、「国家」とか「権力」とか、政治を〈実体〉としてとらえる従来型の言葉は、政治学者もふくめて、二〇〇〇年代では、つかわなくなってきた。この変化は、言葉としての「国家」、「権力」などの中身であった、日本の官僚統治の終りのはじまりという、政治文脈を的確にしめすと、私はみている。

現代の大衆政治⇅市民政治は、たしかに専門集団としての行政機構ないし官僚組織を必要としている。問題は、この官僚が「閉鎖」型の身分特権を固守するか、それとも市民型専門家に開かれて開放性をもち、途中人事採用も数多くおこなわれるか否か、つまり市民活動ないし企業、シンクタンクなどとの人事交流を加速するか否か、にある。そのうえ、日本の官僚組織の問題性については、閉鎖型身分特権性が中進国型の生涯雇用・年功賃金というかたちでつづいていること自体に、すべてがしめされている。当然、この身分特権性を保障する国家公務員法・地方公務員法の市民開放型抜本改正が不可欠である。

自治体職員の減員は先駆自治体ではとっくにはじまっており、首長の方針如何では、一〇年ほどで、職員一人あたり市民一〇〇名だったところでも、二〇〇名ちかくになる自治体もあらわれはじめている。マスコミは「思いつき政治屋」、「ミセカケ政治家」などに目をうばわれて、着実な《自治体改革》についての問題意識・報道能力がない。民主党内閣の公約による国家公務員減員、賃金切り下げは緊急だが、問題の特権官僚については、まず大学新卒の試験採用人員を今の三分の一にし、たりない必要な幹部要員は今日の特権官僚よりも専門水準のたかくなっている市民型専門家を途中採用したい。

というのは、これまでの省庁官僚の新卒・試験採用者数は、(1)自治体操作のため主に県などへの出向、あるいは国会操作のため国会職員幹部への出向などなど、(2)定年後の天下り席確保のため外郭組織などへの現役短期出向をふくめ、あらかじめ過剰に採用するとともに、各省間のナワバリ拡大の手法となっているからである。

〔31〕

〔31〕

さらに省庁の局長以上の幹部は当然、国会内閣制による政治任用にすべきである。そのとき、従来型の次官の廃止も当然問題となる。また中堅幹部のヤメル理由となっているといわれる「残業」などは、省庁あるいは担当によってチガイがあるのだが、このこと自体、日本の官僚組織の劣化の証明となっているため、多くのムダな仕事をキルなど、急ぎ組織のあり方自体の抜本改革となろう。

減りつつあるとはいえ、今日も、県が国の出先だった戦前人事方式による、県への官僚出向がつづく。県まわり専用官僚までいるのだ。だが、戦前と異って、県の職員水準もあがってきたため、しかも県の政策が国のコピーだった「機関委任事務」方式が〈二〇〇〇年分権改革〉で終って、制度としては県はそれぞれ自立して政治決定・独自立法ができる「政府」となったため、県のみならず、市町村でも、出向官僚は腰カケ型の役たたずで、受け入れる自治体ではそのオモリの負担がふえるだけとなっている。

たしかに、今回の震災地で、とくに市町村では職員犠牲者がおおくでて人手不足もつづくが、国、県、市町村それぞれ仕事・課題がちがってきたため、この支援には市町村課題に熟度をもつ、市町村職員が期待されている。またIT募集による退職市町村職員の再雇用も不可欠で、労働条件には法解釈に弾力性をもたせ、年金もあるため給与もそのプラス・アルファで考えたい。

〔31〕

たしかに、県は戦後、自治体となったはずである。しかし、前述した省庁から県幹部への戦前型官僚出向だけでなく、県政界は国からの財源バラマキへの期待もあって、官僚を持参金ツキのムコのようなかたちで知事にする積極慣行が、全県の半数以上、とくに農村県では今日もつづく。これら官僚出身知事が定席をもつ県は、県政界にささえられて、〈自治〉を放棄してきたといってよい。自民党長期政権ないし「戦後民主主義」の、この現実も強調したい。

省庁定年官僚の外郭団体天下りについても、日本の政治争点になって久しい。日本の官僚内閣制のもとで、同じ国家試験にうかっても、現役中、自分でいつでも転職しうる活力ある人材と、ポスト・慣行にシガミツクだけの人材とに当然わかれる。シガミツクだけの「試験秀才」官僚の数があまりにも多く、彼らが省庁グルミで「天下り共同体」をつくりあげていく。

このため、省庁単位につくっている天下り用の官僚リストの「破棄」がまず基本となる。だが、若き日に過剰採用した官僚の問題をどう解決するかについて、官僚自身は思考停止のズルをきめこむ。そのうえ、政治家たち、また専門の行政学者ないし経営コンサルタントなども、私たち市民がナットクする案をいまだつくれない。彼らは明治国家型の日本官僚組織をめぐる「現実改革」を考えたこともないのではないか。前述したように、さしあたりまず、官僚の新採用人員を三分の一にすることからはじめたい。

〔31〕

この項の最初で、O君がきりだしたテレビなどでの元官僚による官僚批判は、官僚組織内部にキレツがはいりはじめたことを意味する。歴史をみても、革命ないし政治再編は下からの市民蜂起もあるが、そのキッカケのおおくは政治中枢身分の内部分裂からはじまったことからもわかるように、日本の転型ないし大乱の予兆と私はみたい。

もし、日本の市民たちが、特権官僚のあり方について、その改革案がつくれないならば、公務員組合の現状維持型保守性とあいまって、私がつねづねのべているように、日本は〈官僚内閣制〉のつづく中進国状態のママ、沈没していくだけとなる。このような問題性をもつ官僚組織の再編については、幼稚化しているとはいえ、日本の政治家たち全体の覚悟をうながしたい。

O君は、官僚組織の中枢を歩み、今は旧「大物」官僚としてマスコミにも顔をだす、元大蔵官僚が一九七七年、大蔵省中堅官僚として、官僚内閣制の基本論点である〈政官関係〉についてのべた『日本を演出する新官僚像』(個人批判ではなく実態典型の説明のため、著者名は省く)に、今日もつづく官僚の考え方の基本がでているといって、しめしてくれた。

「本来の意味での政治の中枢は実は官僚であり、国会での論議や、圧力団体による陳情は、こうした本来の意味での政治がのりこえていくべきいくつかのハードルにすぎないのである。……情報をほぼ独占に近い形で保有し、これをたくみに操作し、部分的に政治家に提供し、[官僚]自ら

〔31〕

がよしとしている政策を実現していく。しかも、そうした政策は決して私利私欲によるものではなく、「国士」として官僚の信念にもとづくものである。官僚の、自分達こそが真の政治家であるという自負心、○○［人名］のように「役人だけが国のために役だっているんだ」というおごりは、こうした事実に裏打ちされたものである。」（［ ］内引用者）

驚くべき考え方ではないか。ここには、今日もみられる官僚のマルハダカのオサナイ考え方がある。戦後もつづく官僚法学、講壇法学の戦前型理論構成を反映して、『日本国憲法』の基本枠組である〈国会内閣制〉は想定もしていない（図3本書二三五頁参照）。いわば、官僚＝行政中軸という明治憲法型の《官僚内閣制》をめぐる、官僚みずからの考え方が赤裸々にでている。若き日、官僚たちが刊行したこのような類書は、かずかずある。

中進国段階一般にみられる経済高成長の終りの始まりの当時、時折、同書で、市民との「ズレ」、また「システム腐食」を感じつつも、また官僚については「馬車馬」と自嘲しながらも、この執筆者自身、井戸の蛙ヨロシク、官僚のオゴリをそのままのべているのである。書いた本人も老いた今日、これを読みかえすとき、年をかさね、その間世界を見、日本も変わってきているので、恐縮するであろう。「東大」出の世間シラズだったのである。だが、この官僚の考え方の基本は今日も特権官僚のナカでつづき、《国会内閣制》による「政治主導」をめざしているかにみえる、民主党政権への「逆行性抵抗」をつづける。

そのとき、官僚一人一人は前述したようにタダの人だが、官僚法学・講壇法学で理論武装して官僚組織のなかに立ちあらわれるとき、《政府・行政改革》への抵抗要因、つまり実質は日本の崩壊要因となっていることを強調したい。

いわゆる旧帝大系の国立大学は、このような独善型の官僚を戦後も育てつづけてきたという自覚が必要だと、B君はつけくわえる。官僚養成をめざして、今日もいまだに明治憲法型の「官僚法学」による、『日本国憲法』の解釈をつづけている憲法学・行政法学の《講壇法学》から、東日本大震災での危機管理をめぐって露呈した原子力工学から地震学までの「大失敗」までをふくめて、大学の存在意義があらたに問いなおされていると、B君はきりこむ。いわゆる国立大学は、日本でも、〈近代化〉をめぐって、過渡の「国家崇拝」がみられる後・中進国段階の産物にすぎないので、日本の二〇〇〇年代では、すでに、解体ないし再編の時期となっていると、彼はいう。

○月○日

〔32〕 緑のネットワークと地域景観

住んでながくなるこの辺りは、玉川上水、小金井公園、小金井ゴルフ場といった、おおきな緑が多い。古くは江戸の植木屋さんからくるのだろうが、この辺りの数市にわたって、造園業の方々の緑地、また農地などもたくさんちらばっており、家々の小さな緑や花も多い。

小さな拙宅の小さな、小さな庭にも、私なりに、楠、山桃、日本クチナシ、サルスベリ、山茶花、侘助、山椿、また実のなるナツメ、蜜柑などの密植を背景に、武蔵野固有といわれるエゴノキや、また鳥のはこんでくれた品のよい花のさくシャクナゲなどをくわえて、里山風の庭づくりとなった。中学時代、植物班だったため、日曜ごと里山を歩きまわった記憶からであろう。

いろいろな苔やシダ、また山蕗、ツワブキ、シャガ、また好きな草々なども、ようやく年月とともに生えそろってきた。春のアシビ、ボケ、さまざまなツツジの花の色彩、また晩秋の花柚の黄、この辺りがその栽培種の発祥の地だがブルーベリの紅葉や実などの色もよい。一月の臘梅もたのしみにしている。だが、鳥がこの蕾が好きなようで、年によっては咲くまえになくなる。

春になれば、玉川上水はもちろん、旧家や新居の庭々にも、種々の花が咲く。春先にはまず白や紅の梅からはじまり、桃、こぶし、もくれん、ついで数々の桜など、夏、秋にもいろいろ咲く。冬の茶の花もよい。初夏の若葉、晩秋の紅葉も映える。これが、いわゆる「郊外」の特性だろう。もちろん、これらの緑がおちついた深みをもつには、今しばらくの時間はかかる。

我流の庭づくりだが、私には、旧制中学での植物班だけでなく、戦時の農村勤労動員も役にたっている。また、一九七〇年代のはじめ、武蔵野市での最初の長期計画策定委員ののち、その戦略課題の第一にかかげた「緑のネットワーク計画」の実現をめざして、市民参加の「武蔵野市方式」といわれた、緑化市民委員会の初代会長でがんばった。この委員会がつくった「緑化市民憲章（条例）」は現在も生きている。緑の都市景観は地域の《市民性》をしめすという考え方が、その基調にあった。私はその後この武蔵野市をはなれ、隣の自治体にうつっている。

今は都の史跡になったが、先見性のなかった当時の都が高速道路に予定していた玉川上水の保存をめざして自治体連合をつくった市民活動家たちの努力、また武蔵野市内にある東京都浄水場ヨコでの新設都道の緑化デザイン、小型、大型の多様な公園や緑道の設置などが、思い出となっている。一九五九年から「全国植樹祭」は始まっているが、そのころはまだ、市町村、県、国いずれも、地域戦略としての、都市の《緑》に関心をもたなかった。

日本の官僚たちについての幻想がいまだにのこるが、その後の日本の美しい景観は一九六〇年前後から各地での市民活動によって準備され、かたちづくられてきたことを忘れてはならない。先駆型をなす湯布院や小布施などの地域づくりは、行政とは関係なく、地域名望家層の市民活動による。また行政と決定的に対立して行政を変えたのだが、妻籠の街並は一郵便配達さん、柳川の水辺は一自治体職員からはじまる市民活動が、保存・整備の起動力となった。これらの市民型先駆方式がその後、日本全体にひろがっていく。地域づくりの基本は私たち市民の《市民性》の成熟にある。私がくりかえしのべてきたように、国の政策水準・国法整備は、これらの市民活動の後追いであった。

だが、二〇〇〇年代では今後、人口の減少ないし高齢化によって、大量の住宅があまり、各地域の形骸化もすすむ。管理のゆきとどかない一戸建て空屋が、さまざまなかたちでふえる。またニュータウンなどは、補修・管理が適切におこなわれないかぎり、廃墟となる。これらに対応しうる、自治体条例・計画による地域づくりの戦略計画、また国の立法改革が大胆にすすめられないかぎり、各種公共施設をふくめて《大廃墟時代》が日本にやってくる。

そのとき、また緑による地域ないしその景観の、多元・重層型再生が都市・農村をとわず、さらに必須になる。防災をふくめて地域づくりとは、市民による《微分》型緑化の《積分》化だという考え方は、人間の歴史、とくに今日の日本にとって不可欠なのだ。

○月○日

〔33〕 経済成長は各国で同型的か

中国の経済成長をみていると、高層ビル、宇宙開発をふくめて最先端技術の導入など、たしかに二〇〇〇年代の国際先端技術の水準をもつ。かつて貧しい戦前の日本も、背伸びして戦艦大和・武蔵や零戦をつくっていた。

だが、社会の発展段階でみれば、中国は日本の一九六〇、七〇年代と同型に思える。経済の高成長、人口の急速な都市化の進行、都市と農村との二重構造の激化、さらに先進国技術のコピーと公害の激発、また市民活動の胎動は、そのいずれもが日本の一九六〇、七〇年代の問題性であった。また、一人っ子政策もあって、二〇二五年から中国でも、人口の高齢化がそれこそ急速にすすむという。

日本の一九六〇年代、七〇年代、高成長期における公害問題については、経営者はもちろん、国の政治家、官僚、さらに自治体としての市町村、県、あるいはジャーナリスト、大学教授などのおおくも、関心それに対応能力をもたなかったどころか、市民抑圧にまわっていた。まずは被害者運動が当時出発したばかりだったが、多元・重層の市民活動によってはじめて、解決への突破口、ついで国法改革をおしすすめたことを、忘れないでおこう。当時の拙編『市民参加』(一九七一年、東洋経済新報社)は、この市民活動について、最初のまとまった本となった。

とくに一九六三年からはじまる「革新自治体」、その後一九八〇年代からはじまる「先駆自治体」が、問題解決の政治橋頭堡をきずく。市民活動、それに革新自治体は、《自治体改革》、さらに市民参加による《自治体計画》を日本現代史に理論としてはじめてかかげ、国の省庁官僚、とくに官僚法学、講壇法学と対決していった。日本における政治の官治・集権型から自治・分権型への転換をめざして、日本の政治・行政、文化・経済の新しい可能性を見出していった（革新自治体の活動成果については、松下圭一、鳴海正泰、神原勝、大矢野修編『資料革新自治体』正・続二巻、一九九〇年、一九九八年、日本評論社にまとめている）。

二〇〇〇年代、アジアの多くの隣国を注意深くみていると、各国の文化・歴史のちがいはあるものの、経済成長の各段階、とくに公害など新しく激発する、未知だった課題の構造・形態は、かつて一九世紀の欧米、ついで日本、さらにはロシア、東欧、また中国、インドをへて今後はアジア、アフリカとつづくのだが、《同型性》をもつといって過言ではない。たしかに歴史は各地各様の特性をもつものの、工業化・民主化の「歴史・構造論理」では、同型性をもつ。

〔33〕　各地で個性のある、数千年つづいた農村型社会が、現代普遍文明原理としての「工業化・民主化」を基軸として、「地域個性文化」の再編、「世界共通文化」の導入をともないながら、《都市型社会》に移行するのだから、この「同型性」は当然であろう。

《工業化・民主化》はほぼ一七世紀、欧米の先進国からはじまった。この論点は私の最初の『市民政治理論の形成』（一九五九年、岩波書店）、『現代政治の条件』（同年、中央公論社）で整理している。

この経済成長・停滞の構造、これにともなう政治課題の歴史変化については、先進国・後進国双方から、その中間にある中進国状況にいまだとどまる日本は学びうる。もちろん、各国とも、一国内に都市地域と農村地域の双方をもつのだから、一国内の都市地域・農村地域間の緊張についても、各国相互に学びあうことも当然である。

私たちは、各国の〈不均等条件〉を当然みとめながらも、〈世界史〉をこれまで工業化・民主化、つまり《近代化》をめぐる、「進歩と発展」を軸として考えてきた。だが、二〇〇〇年代にはいるとき、日本は転型期にたち、私たち日本の市民は、日本の未来について、「没落と焦燥」の時代となりそうだという予感をもつようになっている。

よく今日の日本の経済縮少について、経済評論家たちは「成長政策」が必要だというが、（1）省庁官僚によるガンジガラメの「行政規制」、（2）電力会社や重工業ばかりでなく、日本の花形だった電器など戦後の先駆大企業にもおきている、経営者たち自身の「官僚化」を考えるとき、誰もが日本はオワルと思うだろう。経済評論家は問題がわかっていないのではないか。

○月○日

〔34〕　マルクスの論理は市民社会型

〔34〕

《市民自治》という私の考え方は、イギリス一七世紀、市民政治理論の古典的形成者と私が位置づけたジョン・ロックによるが、さらにはこのロックの系譜にあるマルクスからも由来する。マルクスは資本主義〈工業化〉による人口プロレタリア化が、農村型社会の原型をなす共同体、さらに「万里の長城」つまり専制統治をも打破して、〈民主化〉の条件をつくるという世界史的展望を、一九四八年の『共産主義者宣言』(岩波文庫の邦訳あり)で叙事詩のかたちでうたいあげていた。欧米の植民地進出、日本の明治維新、中国の革命、またインドの独立なども、一九四八年のこのマルクスの予測ないし視野の中でおきていることを、今日、誰もが承認せざるをえない。短文だが必読書である。マルクスへの一般にみられた「偏見」は、とっくに当時の私には終っていた。

かつて、マルクスを教条化してふりかざしていた日本のいわゆる社会主義者たちが、マルクス理論を《階級闘争》に矮小化していたなかで、私は逆に日本で最初だったのだが、一九五九年の私の第一著作『市民政治理論の形成』(岩波書店)終章、また同じく一九五九年の第二著作『現代政治の条件』(中央公論社)では全面的に、ジョン・ロックが主著『市民政府論』で原型をかたちづくった《市民社会》の理論系譜のなかに、ソサエティズム=ソーシャリズムとしての、マルクス理論を位置づけた。エンゲルスも後年、理論の名称は社会主義つまりソサエティ主義、共産主義つまりコンミューン主義、あるいはその他のいずれでもよかったとふりかえっている。

マルクス理解について、日本におけるその位置づけでの、「市民社会」対「階級闘争」という、以上にみた両義性については、戦後思想をめぐって、あらためて検討が必要であろう。私からみれば、日本における通常のマルクス理解は、ヨーロッパ各国の通俗理論と同じく、階級闘争をテコにブルジョア国家観念を裏返しただけで、プロレタリア階級の名による国家統治をめざしていたにすぎない。だが、私にとってのマルクス理論は、市民自治をめぐる「市民社会」論系譜での、〈工業化・民主化〉という《文明史的文脈》こそが基本だったのである（本書〔45〕参照）。

この『共産主義者宣言』では、「旧ブルジョア社会にかわって、各人の自由な発展が、すべての人の自由な発展の条件となるような人間関係（Assosiation）があらわれる」とのべるが、個人と全体との予定調和を想定する、一九世紀型市民社会理論がここにある。ロック以来、アダム・スミスやコンドルセ、カントなど、《近代》としての「市民社会」の論理がそこにあった。

○月○日

〔35〕国の政治・行政と〈官僚法学〉

国会での議論は、今日では、国会テレビ中継や、その構成能力には各社に偏見があって疑問符

〔35〕

がつくとしても、ニュースというかたちで、ほぼ同時映像として公開される。このため、①市民は国会議員たちの政治家としての資質を問う、つまり「品定め」することができる。ついで、国会の議論は、ただちに②視聴者の市民をはじめ、国会議員、内閣の首相・各相、さらに官僚、また自治体をくわえて、共感・批判をくわえながら、「情報共有」の広場をつくっていく。

だが、日本の国会は、官僚法学の官治性ないし不見識のため、③直接の〈市民参加〉の広場になっていない。自治体議会でも同型だが、公述人、参考人などは、制度としては、今日のように国会が呼びつけるだけでなく、むしろ国会への「市民発言」の保障を基本に、〈市民参加〉の手続というシクミに位置づけなおし、市民の実質の立法参加をふくめ、再編すべきではないか。

官僚法学がモデルの官治・集権型の悲惨な日本の憲法学では、国会を市民のヒロバとしての「国権の最高機関」と位置づける憲法の用語について、「政治的美称」だと今日も否定する。官僚法学、講壇法学は二〇〇〇年代にはいっても、行政権中核、つまり〈官僚内閣制〉を中軸に、時代錯誤の戦前型旧「三権分立」論をひきつぎ、その明治憲法型思考は今日もつづく（本書図3二三五頁参照、また拙著『国会内閣制の基礎理論・松下圭一法学論集』二〇〇九年、岩波書店で詳述）。

市民ないしその世論のヒロバとしての「国権の最高機関」という国会の位置を、日本の憲法学では、《市民情報流》が自立してひろがる二〇〇〇年代の今日も、『日本国憲法』に違反して、い

〔35〕

まだに明治憲法以来の、いわば「官僚立案」の法案、つまり〈閣法〉をとおす「協賛機関」（明治憲法三七条、五条）という位置づけに、ほぼとどまる。

日本の憲法学でのこの国会の位置づけについては、ナサケナイのだが、日本の政治家ないし国会議員たちも明治憲法型の考え方のため異議・批判ができず、国会の明治憲法型運営を今日もつづけ、これまで、国会の大改革、つまり「官僚内閣制から国会内閣制へ」というかたちでの、〈政官関係〉の大転換に、わずかの改革成果があるものの、とりくんでこなかったのである。

ようやく民主党政権が《政治主導》というかたちで、『日本国憲法』本来の「国会内閣制」に一歩あゆみこもうとするかにみえたが、「明治国家」を固守する省庁官僚の抵抗が強く、さらに国会議員自体における、与野党をふくむ政治家たちの政策・制度型思考、ついで国会立法技術について未熟のため、民主党自体も後退し、その支持率を低下させている。

専門性を基本とするはずである官僚の無能を最大のかたちで証明したのが、厚生労働省・社会保険庁での特記すべき年金ズサン管理問題で、その請求責任を市民一人一人にオシツケたまま、天下りのためムダ、ムダ、ムダの年金積立金の乱用をおこなっていた。不十分ながらも年金管理組織の再編となったのは当然である。だが、国税庁と統合するとともに、「国民共通番号制」で運用しなければ、今後またまた、市民福祉の個人継続性喪失、ついで省庁縦割行政の持続がつづき、日本官僚組織の無能・破綻をくりかえし露呈する。事実、二〇一二年、別の論点だが、厚生年金基金問題でもむしかえす。

くわえて、フクシマ問題をめぐっても、経済産業省・原子力安全保安院は自民党系「原子力村」ないし東京電力との癒着によるその破綻が誰の目にもあきらかとなって、ついに環境省・原子力規制庁に再編されることになった（本書〔53〕参照）。

これらの事態は例示にすぎない。しかも、「官僚の犯罪」というべき、これらの「作為」「不作為」の責任追求も、内閣の不見識・政治未熟、また官僚への法規制自体が日本では実質骨抜きのため、カタチだけというよりも、ウヤムヤに終わる（本書〔46〕参照）。

それに、企業は高いコストで企業法務・企業財務を担当する弁護士、公認会計士などをおき、またようやくだが法務・財務専門担当職員をオクレバセに自前で養成しはじめている。だが、国レベルの政府には、硬直した内閣法制局、脆弱な会計検査院が中心で、省庁官僚組織自体には、日常行政における法務・財務改革の問題意識もいまだに国民への責任として成熟させていない。これでは、明治からすでに、官僚組織としても「崩壊」していたのではないか、とO君はいう。

○月○日

〔36〕官僚内閣制への逆モドリとなるか

ロシア革命当時、知識人間でのモダニズム芸術の隆盛もあったが、ツアーリズムの三六〇度裏返しとなって、曲折をへながらスターリンの個人独裁となる。中国革命も諸階級の「連合独裁」といいながらも、結局は「文化大革命」の名による毛沢東の東洋専制となる。太陽王ルイ一四世の国家統治も、フランス革命の動乱をへて、ナポレオンの国家統治となった。いずれの革命も、《政治文化》の持続性という文脈では同型であった。革命は一八〇度転換ではなく、三六〇度転換というかたちで、モトノモクアミ、つまり「逆行」したのである。

政治変動のダイナミクスについて、Y君は議論を次々にくりだしてくる。政治変動ないし政治・行政の崩壊・再編について、Y君はきびしい議論が必要だと強調する。ひろく日本の政治家、省庁官僚・自治体職員、また政治学者、行政学者、あるいは現代史学者は、戦後の自民党官僚内閣制にひたりすぎの自民党ボケとなっているというのだ。

Y君はとくに、今日の日本の政治学者たちは、戦後の中進国型高成長を誇大評価し、官僚内閣制という政治現実についての、単なる後追いとしての「実証」にとどまるという。いわば、《日本再構築》への構想力なき、〈自民党史観〉に埋没した、自民党ボケだというのだ。記者、評論家な

〔36〕

どの考え方も、若い日々からなじんだ、自民党のムラ＋官治・集権=官僚内閣制という原型に埋没していると、きびしく批判する。

一九五五年、いわゆる社会党統一・保守合同によって、自・社ほぼ二対一の議席比が衆・参両院でほぼかたまって、自民党長期政権がつづく。この自民党長期政権は、細川内閣成立時での政治流動化のはじまりののちも、今度は自民党中核の、公明党との連立政権として、さらにつづく。この半世紀余つづく官僚内閣制型自民党長期政権に終止符をうつのが、制度化された〈革命〉としての、《選挙》による《政権交代》のはずであった。

だが、与野党をとわず政治家たちの「頭脳」つまり《政治文化》が今日も、明治憲法型の国家（官僚）統治が中核となっているため、二〇〇九年の民主党による「政権交代」では、スローガンに《政治主導》をかかげても、官僚内閣制という政府構造は〈国会内閣制〉に変りきれない。

日本の政治学・行政学、憲法学・行政法学、それに財政学・会計学は、マスコミないしジャーナリズムとおなじく、政権交代による「国会内閣制」の造出を想定することなく、旧来の「官僚内閣制」の延長線で考えるにとどまる。いわば日本の社会理論自体はまるごと、自民党政権における官僚統治という《政治文化》と合体しているといっていいだろう。私はこれを日本の「自民党ボケ」といっているのである。

官僚内閣制では、政治決定を国として集約するのは、法制では非存在のはずの「次官会議」であった。この「次官会議」にお膳立てされて内閣が操作される。戦前ではほぼ先輩官僚が直接首相、閣僚になっていたため、閣議と次官会議の間にスキマがなかったが、戦後は内閣が国会議員中心となったため、今度はこの次官会議が閣議ないし内閣を操作する。自民党長期政権では、大臣はオカザリで、国会答弁も官僚の「政府委員」がおこない、国会の幹部職員にも各省庁官僚が出向して、国会を「占領」する始末であった。これでは、旧「三権分立」すらも、日本にはなかったのである（図3・一三五頁）。

その結果、「国権の最高機関」であり、ひろく国政調査から国会立法にいたる本来の「国会課題」に、日本の議員たちは取りくむ政治熟度を、今日も身につけることはできていない。時折、テレビが写しだす、スジガキありの国会大サワギしか、国会議員には〈オシゴト〉がない。

《政治主導》をかかげた民主党による、二〇〇九年の「政権交代」ではじめて次官会議を廃止し、ようやく国会内閣制への移行可能性がみえはじめるか否かの転型期となった。だが、各省ごとの省庁官僚は、大臣など政務三役をトリコにして、まきかえしがすすみ、民主党内閣三代目の野田内閣では、自民党ボケからサメテイナイ首相の不見識もあって、逆モドリに近くなる。

戦後半世紀余の自民党政権では、内閣はほぼ次官会議のスジガキの追認にとどまり、閣議は次官会議決定案件の承認儀式と化していた。閣議における事前承認ナシの閣僚発言も「不規則発言」とみなされて無視される。戦後日本では〈内閣〉の「閣議」は順次消失していったのである。このため、閣議とは別の「閣僚懇談会」が、雑談会として閣議につづきひらかれる有様となった。「国権の最高機関」としての国会も、行政についての調査・改革・監視、ついで政策策定・立法という、本来の課題にとりくまないため、国会議員はヒマとなり、大政党は大政党なりに、小政党は小政党なりに、政官業学複合のなかで、省庁の権限・財源からくる〈自由裁量〉の「利権」をめぐって、「口利き」政治家となっていた。日本の政治家は、官僚を「組織・制御」しうる政治家となる訓練を、かつても、今も、与野党ともにもちえなかったのである。

しかも、この民主党政権にたいしては、その政治未熟もあって、自民党が半世紀にわたってつくりあげてきた〈政官業学〉＋マスコミという各領域からの逆行性反撥・反撃がつづく。東日本大震災で〈崩壊〉したはずの自民党系政官業学複合の〈原子力村〉すらも、一年後の二〇一二年では、フクシマに直接の責任をもつ経済産業省官僚を中核に、復活を策謀している。

〔37〕立法は政府の権限・財源を付与・剥奪

○月○日

〔37〕

古来日本では、とくに明治国家以降、法について、私たち市民をオカミが取締るものだと、考えてきた。戦後は、『日本国憲法』によって、ようやく、法とは市民個々人の基本人権を「保障」するという〈法治〉に考え方に変わりはじめる。だが、ここでの法とは、国の「人権法」どまりで、国の「政府法」（行政法）は官僚が立案・解釈ともに直接操作し、また世界政策基準としての〈国際法〉のみならず、地域政策基準の〈条例〉つまり自治体法は無視してきた。

本来、現代の都市型社会での〈法の支配〉とは、いわゆる「国家」、実質は官僚が〈下付〉する国法による《法治》ではない。自治体法＝条例や、国法＝行政法をふくむ法律、間接的にはさらに国際法＝条約の《立法》によって、自治体、国、国際機構のそれぞれの政府・行政機構に、私たち《市民》が権限・財源を〈付与・剥奪〉することを、〈法の支配〉というのである。法治とは、〈基本人権〉の保障にとどまらず、《立法》による各〈政府〉への権限・財源の付与・剥奪によって、市民が各政府をたえず再構成することをいう。

自治体条例も、危機管理から環境ないし社会基盤、ついで産業・福祉、教育・文化、防災・放射能、緑化・景観など、自治体課題の全領域にわたって、市民が各自治体政府に「権限・財源」を付与・剥奪するのである。自治体条例についての国の考え方も、〈二〇〇〇年分権改革〉以降に変わりはじめ、条例の罰則として懲役、禁錮刑なども可能となってきた。

〔37〕

図2　政策循環の対立模型

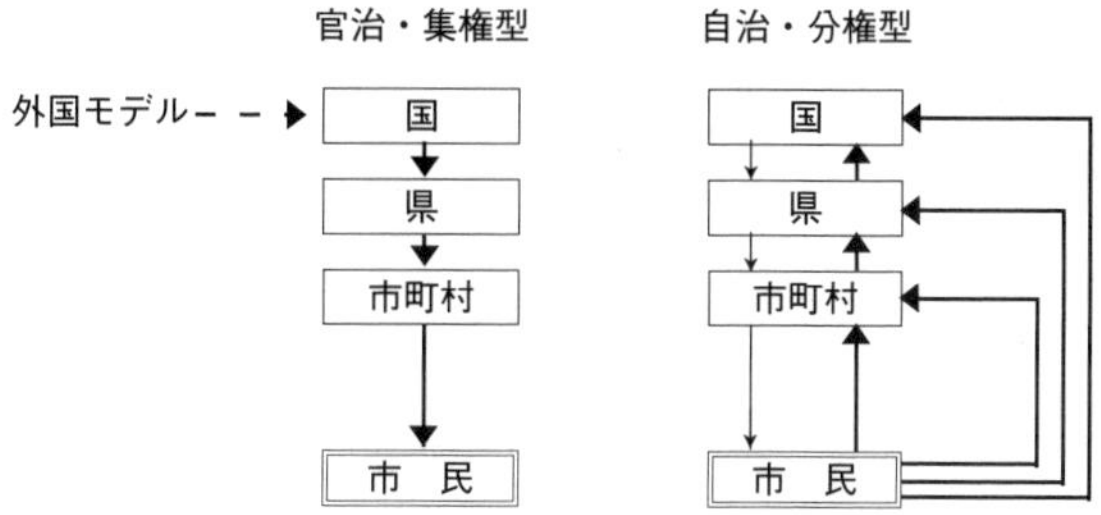

講壇法学、官僚法学が今日ものべつづけているのだが、条例（自治体法）は法律（国法）に劣る、とはもういえなくなっている。現代の都市型社会では、中進国の日本でも、《二〇〇〇年分権改革》以降、ようやく政府は自治体、国、国際機構に三分化すると認識されはじめ、これに対応して、法も自治体法、国法、国際法に三分化していくことが理解できるようになってきた。

だが、この三層をなす、制定法間の調整をどうするか、という問題がのこる。これが、『日本国憲法』で、条例を「法律の範囲内」とするという条文の解釈ないし運用の問題となる。この憲法九四条の規定は、法律の条例にたいする優越ではなく、国法と自治体法の〈調整〉をのべている規定である。

ここが《二〇〇〇年分権改革》の中心論点でもあった。**図2**左側の国→県→市町村というかたちで、国が自治体を手足とみなす「官治型下降論理」つまり《統治原理》にもとづく〈機関委任事務〉方式を廃止し、**図2**右側の市町村→県→国という

〔37〕

「自治型上昇論理」をめざす《補完原理》への出発となったのが、私はすでに一九七五年『市民自治の憲法理論』（岩波新書）で定式化していたが、この「二〇〇〇年分権改革」であった。「二〇〇〇年分権改革」にともなう、憲法関連法＝『地方自治法』の新規定、第1条2の1・2項、第2条1・2・3項が、私のいう「調整規定」というかたちで、実質は『日本国憲法』の《運用改正》をうながしたと位置づける（本書〔76〕参照）。

ただ、「二〇〇〇年分権改革」につぐ、「第二の分権改革」といわれた国・自治体間の財源再配分をめぐる「三位一体改革」はその実はなく、ただ国・自治体関係を複雑にしただけのため、また民主党政権によるいわゆる「地域主権改革」も自治体権限を細分化するだけのため、いずれも法論理のクミタテが悪く、私は分権改革とはみとめない。省庁官僚と対抗して、条例立法の自由を大胆に拡大しえない、国会立法については、「国会の見識」を疑いたい。

このような《二〇〇〇年分権改革》後の「分権改革の破綻」は、戦後もつづく明治国家構造の終りをめざした、かつての「二〇〇〇年分権改革」の規範論理すら、官僚内閣制ボケの政治家、官僚、また憲法学者、行政法学者、政治学者、行政学者のおおくが、二〇一〇年代の今日も、いまだに理解できていないことからおきているのである（改革時の論点については、拙著『日本の自治・分権』一九九六年、岩波新書参照）。とくに、憲法学者は官僚内閣制への逆行発想のため、自治体につ

〔37〕

いては「無知」にもとずく思考停止状態といってよい。行政法学者は論理を複雑にして、かえって市民誰も理解できない国法の迷路をつくりだすだけとなっている。いずれも《日本沈没》の前兆である。マスコミの記者たちやそのＯＢの評論家も、時折は国ないし官僚統治について個別論点を問題とするが、今日も明治憲法型の官僚法学・講壇法学にドップリつかっている。ここにも、官僚内閣制型の自民党ボケがつづく。

《現代政治》における「法の支配」は、天・神の法、あるいは古来の慣習法、近代以降での国家法の支配ではなく、市民による社会構築、つまり社会工学として、自治体、国、国際機構という三政府レベルに、いかなる権限・財源を付与・剥奪するかという、プラグマティックな、しかも市民からの立法作業から出発するはずである。もし、この三層の法の間に矛盾があれば、裁判という司法手続、さらにはいずれかの政府レベルでの立法改正という政治手続をとることになる。

それゆえ、それぞれの自治体は、条例・法律・普遍条約という法の三層構造を自覚しながら、自由に条例立法にとりくみたい（自治体の法務についてはは本書〔56〕、自治体計画・財源調整については本書〔25〕参照）。

とすれば、具体的な個別争点についてとりくむ、無限大のさまざまな市民活動が、自治体、国、国際機構各レベルの改革をたえず連動させることが不可欠となる。この意味で、市民活動は、今日では政治の起点であり、基点そのものとなる。

○月○日

〔38〕市民の個人徳性と政治徳性

トクヴィルは個人徳性と政治徳性とを区別していると、E君はいう。生活の躾、人間としての誠実、ゆたかさ、あるいは独自才能は市民の個人徳性、ついで政策型思考・制度型思考、あるいは立法参加への熟達は、市民の政治徳性ということになろう。E君のいうこの区別は重要だ。専制政治のもとでも、「個人徳性」をもつ庶民は多くみられ、さらには芸術家、医者、学者なども輩出しうる。だが、社会の「組織・制御」をめぐる、市民ついで市民型政治家の品性・力量の成熟という「政治徳性」の熟成は、市民文化ついで市民政治のなかでのみ育つ。

農村型社会のムラつまり共同体がつちかってきた地域特性をもつ生活慣行が崩壊する都市型社会では、工業化にともなう家事の機械化（例、洗濯機、掃除機、炊飯器）、また家事の外部化（例、電気、ガス、水道や外食）による家庭の空洞化、さらに単婚家族、単身人口の増大は、E君によれば、個人の「孤立化」、生活の「脆弱化」をうながし、〈躾〉つまり個人徳性の喪失にもなる。

そこでは、「自我肥大」をともなうのだが、地域迷惑となるいろいろなモンスターすらうみだしていく。ここから、市民相互の〈政治徳性〉としての「品性と力量」、さらには「成熟と洗錬」を準備する《市民性》ないし《市民文化》の醸成・習熟が、まず、私たち〈市民相互〉の課題だということになる。《市民自治》への出発である。

○月○日

〔39〕今日性をもつ政体分類論

またまた、民主政治の両義性、つまり都市型社会での現代民主政治における市民政治と大衆政治という、二方向性について、E君と話しあった。この両義性は君主政治と専制政治というかたちでも、古来、政体分類論として位置づけられてきた。そこには、次のような構図がみられたことは周知である。

一人支配 ↓ 君主政治 対 専制政治
少数支配 ↓ 貴族政治 対 寡頭政治
多数支配 ↓ 市民政治 対 愚民政治

以上の日本語の文脈でみるとき、現代の大衆政治は、マスコミによる、①「余暇と教養」の受動化、さらには②直接の「情報操作」という、現代特性をもつ新型の愚民政治とみることができる。マスコミの〈風〉にあふられる劇場政治もこれである。そこには、さまざまな「デマゴーグ」も登場する。

だが、そこに市民政治の新しい可能性もうまれる。くりかえし、くりかえし、のべてきたように、都市型社会のマス・デモクラシー状況では、市民活動が活性化する「市民政治」状況と、マスコミからくる「大衆政治」状況とが、〈争点〉いかんをめぐって、さらに情報公開・情報操作のあり方によって、相互に「循環」かつ「緊張」するのである。

○月○日

〔40〕伝統指向と市民文化の分裂

論理学は、0（ゼロ）の発見で有名な古代インドの産物ということになっているが、身分の細分化であるカーストすらくわわって、まだムラ型の貧しい人々の多いなかで、めざましいインドにおける数学教育、くわえてIT機器のソフト開発の産業化とその国際進出は、特記すべきであろう。

ところで、日本の通俗思考では、「自由・平等＋自治・共和」という普遍市民政治原理は思考原型とはならない。かならず、「和の精神」ないし「キズナ」、つまり〈日本独自〉という名での共同体幻想への回帰となる。つまり、閉鎖型のムラ＋国家観念が思考原型をなしている。ここでは、市民からはじまる政策・制度型思考の自立もおきない。

日本の科学者ないし数学者などが時折、伝統指向での日本文化を論じてベスト・セラーをつくっているのが不思議だ、という人がいる。だが、不思議はない。というのは、その科学者たちの日々の「生活思考」と、彼らの科学普遍性をもつ「専門思考」とは、まったく別の「二重構造」になっているからである。

日常の「生活思考」については、子供のころ、家庭ないし時代流行からおそわった伝統指向に今日もとどまるため、それをなつかしむ老年世代、あるいは新鮮に感じる若年世代、それぞれの人々に読まれて、ベスト・セラーになるのである。彼ら「科学者たち」の日常生活では、農村型社会原型の《伝統指向》がこびりついている。

この意味で、これらの「科学者たち」の思考には、日常の生活思考と、科学者としての専門思考との乖離がある。明治以来の二重思考としての「和魂洋才」である。不思議はない。だが、日本も今日では都市型社会にはいってきたため、生活思考でも中・後進国型のムラ＋国家観念という閉鎖性が崩れ、「世界共通文化」を生きる生活者としての《市民指向》に変っていく。

〔40〕

たしかに、〈知識人〉という言葉は、帝政ロシア以来、西欧モデルの「近代化」をあこがれて、自国の後進国生活・政治にあきたりない批判型知識人をさしてつかわれてきた。だが、二一世紀の今日では、この「知識人」も死語となってつかわれず、ひろく「市民」という言葉が日常つかわれる言葉になっていく。

二〇〇〇年代の私たちは、ムラ+国家観念が原型という、これまでの考え方の閉鎖性ないし独善性を、あらためて考えなおしたい。それに、国民文化としての日本文化も、都市型社会の今日、「地域個性文化」と「世界共通文化」をともにかかえこむ、多元・重層型の複合性をもつ。

前々から、E君は、日本の個々の市民も、トクヴィルのいうような「精神貴族」というべき〈品性〉をもち、あるいはマキャベェリのいうような「熟達君主」の〈力量〉をもたなければならないといっている。

明治維新のころ、「文明開化」をめざした政治家・知識人個々人は、また「漢学」の深い素養をもっていたという事態を、あらためて想起したい。そのとき、この「文明開化」はヨーロッパ原型、「漢学」は中国原型だったが、当時はいずれも〈普遍文明性〉をもち、当時、微妙な均衡をたもっていた。

○月○日

〔41〕日本文化はいつつくられたのか

日本文化というとき、どの時期の日本を想定するかによって、日本文化の問題性はまったく変わってしまうという話を、B君と語りあった。歴史をさかのぼるとき、今日の転型期、かつての高成長期、また敗戦直後、戦時、さらには昭和前期、大正期、明治期、また江戸期、桃山期、室町期など、「日本文化」といわれるその内実はそれぞれまったく異ってくる。そのうえ、日本の古代文化の華は、当時のあらたな渡来人系でもあった。

山や海は昔ながらであっても、「日本文化一般」などはないのである。「日本独自」を強調しながら、それぞれの時代についてのツマミグイをして、護教論型の知識人がつくりだした妖怪が「日本文化」なるものだ、とB君はいう。

私は、この旧来型の「日本文化論」に対比して、数千年の農村型社会における歴史をもち、各地でさまざまの特性をもつ〈地域個性文化〉と、近代以降の文明軸としての工業化・民主化、これによる現代の大量生産・大量伝達・大量消費の技術を背景にもった、地球規模にひろがりのある「世界共通文化」との緊張のなかで、かつて〈近代国家〉が「国民意識」の醸成をめざした「政治擬制」、つまり国民神話として、〈国民文化〉を造出したと位置づけている。

金閣・銀閣、安土城・大阪城、また宗達・光琳、織部焼・古九谷などは、中世末、近世のはじめ、ポルトガル、中国などがもたらした当時の「世界共通文化」を導入しながら、ミヤコあるいは地方における武士・商家・地主それぞれ上層の「地域個性文化」として成立し、これらがあらためて江戸期の国学から和歌をまじえて美化されはじめ、明治ついで戦中・戦後、「日本文化」として実体化されてきたとみるべきである。

だが、そこには、かつての日本文化特殊論者がかたっていたワビ・サビはなく、ハナヤカである。ワビ・サビはいわば「裏文化」だったのである。しかも、このワビ・サビも実は時間がたって色がハゲオチタからにすぎないのもおおい。

そのうえ、今日の日本での「地域個性文化」も、柳田国男の民話、浅井忠の大津絵、柳宗悦の民芸、あるいは戦後の岡本太郎による縄文などのように、それぞれは当時の世界共通文化で訓練された、いわば知識人の活動として、さらにはこれらに相関する市民活動もくわえ、「再」構成されたというべきだろう。

この日本各地の「地域個性文化」は、今日では、「世界共通文化」の一環にもくみいれられていく。江戸前の地域個性文化だった「にぎり寿司」は、戦後に国民文化となり、今日では世界共通文化になりつつあるという問題連関がこれである。江戸の浮世絵とゴッホ、ドビュッシーの関係

〔41〕

は有名だが、江戸の地域個性文化が、すでに世界共通文化でもありえた事例でもある。今日の日本における「地域個性文化」としての渋谷・青山周辺、秋葉原、さらにはひろくマンガやファッションなどの若者文化は、日本の国民文化にはなっていないとしても、いちはやく「世界共通文化」の一環になりつつあるという。以上のような〈歴史・構造〉連関を、日本文化について語るとき、私たちはたえず想起したい。

日本文化ないし国民文化、あるいは国体・国柄という考え方は、江戸期の国学思想また神社神道に萌芽があったが、近代の明治国家の形成以降、国レベルの政治家、官僚、ついで国家理論家、ジャーナリスト、またこれらに追従する同調中間層がつくりだした擬制である。この擬制が、日本の近代における、いわゆる国家ナショナリズムの実態をなしていった。

また、米欧むけに書いた米欧スタイルの『武士道』も、いわば新渡戸稲造の創作で、その後このの「武士」は大衆文化のはじまりとともに国民娯楽にくみいれられ、いわゆるチャンバラものの絵本、読物、紙芝居、映画、テレビ放映で、一時は国民文化とみられていた。

国民文化についての内実は、前にみたように、時期によって、また地域個性文化、世界共通文化との緊張のなかで、たえず変っていく。事実、明治以来の日本文化イデオローグがとらえていなかった白神山地あるいは吉野古道などは、世界共通文化にくみこまれる地域個性文化としてたち

〔41〕

あらわれ、「ユネスコ世界遺産」となっている。

それゆえ、国民文化の文脈は、「日本に生まれてよかった」式の単純化された、ナショナリズムないし愛国心に解消することができない。しかも、都市型社会では、国単位で考えられがちの経済・文化、政治・行政も、その分権化・国際化がすすむため、閉鎖国家型のナショナリズムあるいは国民文化の「実体性」は、この地域個性文化、世界共通文化との分化・複合のなかで、相対化されていく。

《文化形態》については、あらためて、地域個性文化、国民文化、世界共通文化の三形態ないしその複合というかたちで考えたい。都市型社会では、それぞれの《地域》が個性と活力をもつ「地域個性文化」をたえず再生させるとともに、また、地球規模で大量生産の自動車、電化器具、IT、また音楽、文学、映画などの文化媒体から、自由・平等、自治・共和という普遍市民政治原理をふくむ「世界共通文化」を、《地球》各地の人々と共有するようになっている。

この日本文化ないし日本文化論の時代変遷という論点について、日本文化論者は《日本精神》の顕現の仕方が時代によりちがうにすぎないという反論をするだろう。だが、「日本精神」ないし「国民精神」という考え方自体が、地球規模の交流をともなう近代国家の構築を反映し、とくに戦時では国民動員をめざした政治家、官僚、また知識人ないし御用学者たちが必要とした擬制だったのである。古代以来、政治は「パンとサーカス」にむすびついているのである。
すでに、日本の工学ないし産業をはじめ、食文化、サービス、ファッション、あるいは芸術、音楽、理論、またスポーツ、遊びや娯楽など、二一世紀、都市型社会の今日では、地域個性文化、世界共通文化との関連ないし交錯のなかで、個人としての私たち市民は自由に選択・創造している。文化は既成品ないし所与ではなく、日々新しい文脈をもつ。

○月○日

〔42〕戦後農業政策とパイオニア農民

O君とテレビ・ニュースでみていた緑と地域生活の話になる。戦後、植林された画一型の杉林管理の話である。戦後における旧農林省の画一型官僚政策によって、補助金つきで杉の大量植樹がおこなわれ、これが今日の杉花粉症問題にもつながっている。農林官僚主導による戦後日本林業史における失政の典型である。

東京都はこの杉花粉症対策として、新開発された花粉の少ない杉への植えかえをすすめるというニュースもあった。なぜ、杉にこだわるのだろうか。それから、植えかえにあたっても、従来のような密植をするのだろうか。私は杉に偏見をもっているのではない。もちろん、屋久島や、天

〔42〕

竜、小国、馬路など、また北山杉をふくめ、大昔からつたわり、また人々が育ててきた杉は大切にしたい。だがここで私は、官僚の植林政策のあり方を問題にしているのである。

山の植生は、その土地の原生種が基本だが、風土に適しかつ生活に必要な多様性もくわわる。ことに広葉樹は木の実をつくるため動物と仲よく住みわけができるし、保水性も高いことが知られている。杉は戦後密植されたため、現在緊急の間伐問題がでているだけでなく、保水も悪いため、乾燥＋大水からくる土砂崩れもおきるという。それに近隣での獣害もふえる。自然の豊かさには植生の多様性こそが基本のため、杉だけというような、植民地経営型のモノカルチャー方式がよくないのは、イロハである。

今日では、以上の論点は私たちの常識となっているのだが、オカミつまり旧農林省官僚の補助金つきの強制、つまり国の補助金消化は地域では強制となるのだが、現在、杉を植えた地域は、人手不足もあって杉の間伐もできず、また成長による換金をまちきれず村を出ていき、人口の過疎化・老齢化も急激にすすむ。それに、林道もなく、所有林地の境界すらもはっきりとしないところが多いため、売買もできない。現農水省の行政水準がこれである。

他方、旧農林省、現農水省の政策に直接抵抗して、多様な緑をのこしたところは、山菜やキノコをはじめ様々な山の幸の採取・栽培・加工で、ヂイチャン、バアチャンも元気があり、若ものたちも戻り、豊かな地域生活をつくりだしている。問題を単純化してはいけないが、植生の豊かさが「地域個性文化」の豊かさ、したがって地域経済の活力をつくるのである。漁業もゆたかな海をめざし、漁業市民みずから、山をゆたかにする植樹をしていることは、周知である。

以上の論点は、私が一九六〇年前後の昔、農村・農業問題にとりくんでいたときから、よく聞いていた話であった。当時、国つまり農林官僚の政策ないし指導と反対のことをする農民はモウカルというのが、創意ある農業市民の常識となっていた。国の政策は画一型なので、当時のいわゆる推奨作物などはすぐ過剰生産となって値がさがり、個々の農民が泣くことになった。

このため、農業には不可欠な地域個性をいかす、自立性、柔軟性、独創性をもつ「ツムジマガリ」の農業市民はモウカルのだという。私は早速、この新型農業市民を「農業パイオニア」と名づけてきた。今日でも、「若モノ」「変ワリモノ」「ヨソモノ」が、旧来のキズナをのりこえて、新しいキズナをつくる革新性をもつことは常識となっている。

この農業パイオニアは、「農業構造改善」政策をも乗り越えていく層であった。当時、この層は「満州」がえりや都市がえりが多く、一度はムラを脱出して外の空気を吸った人々、あるいは国の農林省政策に裏切られたという実感をもつ人々に多かった。この論点は、私が日本ないし自民党政権の政治・行政構造を、明治以来のムラ＋官僚統治とみなしていく背景の一因となる。

〔42〕

このような話になると、Y君は、当時のパイオニア農業市民の話はわかるが、なぜひろく農民たちがそれぞれの地域で独自農業をつくるという発想をもたなかったのかと、問いはじめる。

その秘密は、タテマエだけは「農業者自治」だが、しかも、今日ではようやく変わりつつあるが、実質は出荷から減反まで、農業機械・生活用品から借金まで、いわば《ムラ》グルミで農家をかかえこむ「総合農協」にあったといってよいだろう。この農協の国や県のレベルでの「中央会」は政治が本職で、農水省直轄の自民党系外郭組織として、たえず農業者を手足として「政治動員」していた。

当時の質の悪い農薬についても、農協はその販売に熱心でモウケていた話をすると、その薬害についての検査などをふくめ、単位農協の経営について、なぜ農業当事者の自治ないし自主管理をおしすすめなかったのかと、若いY君は批判する。年にわずかしかつかわない農業機械について、農地を担保にとって、農協は各農家にオシツケ過剰投資をすすめてきたのも、事実である。Y君は、これでは、いつまでも農業市民はオカミとしての農水官僚から解放されないと怒る。

それに、明治以来、省庁官僚のみが政策立案をおこなう、〈機関委任事務〉方式のもとでの、官治・集権型「通達・補助金行政」のため、戦後も自治体は地域個性をいかして、自立した農業政策を構想・策定する職員を育成できなかった。いわば、県の農政は国直轄のため、独自政策としては品種改良＋法制ワク内での補助金ツキ農業土木ぐらいができただけだったので、地域個性をもつ政策・制度開発を〈現場〉で「考える職員」を今日もつくれていない。市町村はさらに農政ナシで、独自の地域個性をもつ農業政策の展開は考えもしなかったというのが、実状であった。そのうえ、農業市民自体が農協をいかに改編するかこそが主要課題だったにもかかわらず、農水官僚、農業学者、くわえて政治家は、ムラぐるみの農協には手をつけさせなかったのである。

二〇〇〇年代、農水省＋農協主導型の農業のユキヅマリによって、ようやく今後は、この農協を突破して、企業型経営をめざすパイオニア農業市民の時代にはいっていく。くわえて、農業以外の大企業も進出するようになる。当然ながら旧来の農業者の高齢化・引退も加速し、農業は急激におおきくサマカワリしていく。農協は共済部門を独立させて各地それぞれで再編したい。

林業も同型で、この農水省行政に決定的に欠けていた発想は、各地独自の森をつくるため、地域ごとの、いわば基礎自治体レベルでの「森林設計者」の養成・配置であった。日本の森が放置された理由は、明治国家型の官僚と作業員しかおらず、全国各地で《自治体計画》を基本に独自の政策・制度をつくりだす「森林設計者」の養成・配置という発想を、自治体をふくめて無視していたのである。これこそ、日本林学の崩壊をしめす現実である。農水省はこれまで、自民党集票用のムダガネを大量にバラマキしてきただけと、とっくに批判をうけている。

このあと、北海道での林業コンビナートともいうべき強化材づくりなど、農水省から自立した地域農林水産業の新しい可能性について話あった。

○月○日

〔43〕政策・制度は市民の「必要」

私たちは、朝、目をさますと、まず顔を洗う。この水は、農村型社会では井戸や谷川の水だったが、今日の都市型社会では「ヒネルとジャー」で、便利な水道水をつかう。政策・制度、したがって法制によって設置する、巨大な都市装置としての水道からの配水である。この水道の設計・規格、また水源、水質、料金などは、自治体、国、国際機構などの複合する諸基準によってきまる。私たちの水は、《政策・制度》によって供給されているのだ。

つかった水の下水は、またその処理のための装置、基準も、政策・制度複合によって処理される。もし下水道装置が整備されていないときは、今度は環境汚染が進行するため、ここにはまた環境政策・制度の出動となる。

朝食となれば、米やパンなどは各国とも安定供給の政策・制度をもつ。各国のこの食糧政策は地域規模から地球規模のひろがりをもつ。この食糧には、農薬、添加物などについての品質基準

〔43〕

もある。それに、エネルギーとしての電気・ガスなども、政策・制度の産物である。買物する商店、スーパーなどにも、政策・制度としての開設基準がある。

また、家を一歩でれば、道路、またバス、電車、自動車など、のみならず家自体、また都市や景観も政策・制度のカタマリといってよい。

この市民の《必要》としての政策・制度を、私たち日本の市民が軽視してきたのは、これらを便利な「所与」と考えてきたからであると、B君はいう。たしかに、これら生活をめぐる政策・制度は「既成品」として欧米からの輸入システムだったため、私たち日本の市民は自分たちが工夫したとは考えていない。日本にも、東海道五十三次や、米やコンブの流通、玉川上水、また古くからの織物や木版技術など、それなりに生活システムをつくっていたが、江戸時代の長い「鎖国」もあって、産業革命以前のシステムであった。明治に後進国として、産業革命以後の政策・制度は、舶来の「文明開化」というかたちで、新しくコピーしただけという考え方になってしまった。

農村型社会では生活技術・生活基準は数千年以上の長い時間をかけ、それぞれの地域で育てあげた、地域個性をもつ、共同体・身分の生活慣習の産物だった。ただ、王城や商都・港町などの都市は人工の成果であった。だが、都市型社会では、工業化、民主化にともなって、社会の組織効率がたかくなるため、「生活技術」は技術開発など〈工業化〉、「生活基準」は市民活動など〈民主化〉による〈発明品〉となる。B君は、都市型社会における私たちの生活様式は、農村型社会と異なって、私たち市民の《必要》からきた、選択ないし設計の責任があるという。

○月○日

〔44〕ルービンシュタイン現象とは

昨晩は夜半二時半まで議論となる。だが、今朝は何を議論したかを忘れている。私のアタマの老化のためである。メモが必要なのだ。

NHK特集では、いわゆる認知症といわれる人も、実質は、家庭や社会などでたえず〈参加〉ないし〈役割〉をはたそうと考えている、という話を語っていた。参加や役割をもとめてさまよい、その機会をもつとき充足感が表情にでるという。とくに、若き日からの自分の特技をいかすことができたそのとき、充足感がいちじるしいとのことである。

文脈は異なるのだが、私はこのような老人の充足感を、「ルービンシュタイン現象」といってきた。一九七〇年前後だったが、革新市長会による、ヨーロッパ革新自治体調査団にくわわって、イタリアのミラノにいったときであった。ホテルの新聞をみて、その夜、ルービンシュタインの演奏があるのを知り、慌ててさそいあわせて当日券をもとめ、天井桟敷にはいった。

背中をまげて、ヨボヨボ、トボトボと登場した老ルービンシュタインは、ピアノの前に座るとピシリと背筋をのばした。ショパンのピアノ協奏曲第一番だったが、第一楽章のみの演奏で、またヨボヨボ、トボトボと退場した。拍手万雷であった。ルービンシュタインはピアノの前で気力がみなぎって、若がえっていたのである。日本でもこのような企画があってよい。

このことを、その後、私は時折想いだして、友人たちと話しあっている。

○月○日

〔45〕国家社会主義と市民社会主義

後進国資本主義としての独自緊張をもつロシアでは、日露戦争時とおなじく、第一次世界大戦のはじまりは、同時に革命のはじまりだったことはよく知られている。

第一次世界大戦がはじまって、革命の拡大によるロシア崩壊を意図したドイツ参謀本部の封印列車で、ヨーロッパ亡命中のレーニンはロシアにおくりこまれる。ペトログラードでは、フランス革命ゆかりの「ラ・マルセイエーズ」で、レーニンはトロツキーらにむかえられたという。まだ、社会主義にふさわしい、著名な革命歌はなかったのだろう。その後、軍事才覚をもつトロツキーは武装列車で内戦をかけめぐるなかで孤立していき、スターリンは首都の党本部にいて、党

〔45〕

組織・運営の実権を、党書記としてにぎっていく。

当時のロシアには「市民社会」以前の、しかも、レーニン自身、ロシアの〈文化水準〉の低さを問題としているのだが、農村型社会における伝統農民が圧倒的に多く、しかも敗戦と革命のなかで、食糧不足とあいまって、社会自体の解体がおきていた。

マルクスが『共産主義者宣言』の末尾でうたいあげたアソシエイション、つまり《市民社会》での「社会管理」society-ism、いわば「社会」主義としての市民社会の自立は、まだロシアにはなかった。こうして、マルクスのいう「国家の死滅」とは逆に、ツアーリズムの裏返しとしてのスターリン独裁が、ロシアの《近代化》をもめざし、「国家統治」state-ismとしてはじまった。

日本の社会主義は明治国家を反映して、北一輝から、その後のマルクス派をふくめて、いずれも「国家」社会主義、つまりstate-ismだった。社会主義の発生の地ヨーロッパでは、社会主義は最初はsociety-ism、つまり「市民社会」主義として出発していること自体を、日本では理解できていなかったのである。ここを、とくに留意したい（本書〔34〕参照）。

Y君は日本の政治家・官僚、ジャーナリスト・理論家などは、明治以来《国家》観念にひたっており、日本の「社会主義」ははじめから〈国家主義〉だったのは当然だという。戦後日本の社会主義者たちも、実質は官僚型計画経済を夢みる国家社会主義者だった（本書〔34〕参照）。

○月○日

〔46〕職業倫理をめぐる個人責任

B君はエリートも通常の人間として、欠陥あるいは性格の弱さをもつという、モスカの言葉をあげた。当然である。いわゆる「偉人」の伝記も、主人公はナミの人間だから、おもしろいのである。私の官僚批判は逆で、日常人としてのナミの官僚個人ではなく、明治国家型の官僚法学・講壇法学で「理論武装」した、日本の官僚組織についてのべているのだ。

ルソーは、人々が神々のごとくでなければ、民主政治は不可能だといったが、人々が神々でないかぎりナミの人々であり、その最悪事態では市民は愚民、官僚も悪徳ということになる。たしかに、市民への過剰幻想、官僚への過剰期待は、いずれもマボロシにすぎない。市民あるいは官僚の個人それぞれには、個人としての日常性があるだけなのである。

とすれば、政治としての、あるいは政策・制度づくりとしての立法は、基本として、「人間性悪説」から出発すべきとなる。ここからあらためて、官僚の《職業倫理》ないし職務規律の次元がきりひらかれてくる。

職業倫理については、まず公務員一般ではなく、日本における官僚の特異性を注目しよう。日本の立法では、明治国家以来、市民を統治客体、つまり天皇のオオミタカラとみなし、統治主体の官僚は天皇の威光を背景に絶対・無謬と考えられてきたため、市民、官僚いずれについても、性善説が設定されていた。とくに、天皇の官僚は「悪ヲナサズ」が基本前提であった。明治国家での天皇の威信がくずれるからである。

しかし、国民主権の今日では、官僚の明治国家型職業倫理は一八〇度転換するはずである。官僚には、「政治」とは異なるが、私たち市民にたいする「行政」の独自責任がともなうかぎり、この行政責任についての国法規制・行政処分ないし職務規律が当然問題となるはずである。

政治家の《政治決定》は、結果として多義性・多層性をもつので、政治責任ないし政治倫理のきびしさは当然だが、民法・刑法関連、とくに汚職などはもちろん、そのほか重要政治責任を定型化し、法規制も必要である。国の官僚による行政判断についての、故意・過失にもとづく個別施策の策定・運用、つまり定型をめぐって、「作為」「不作為」両面での責任にたいする、国法規制・行政処分については、日本では一応の法形式があるだけというのも問題である。

明治国家以来、また今日でも、立法ないし法務を実質独占してきた官僚は、「身分」としての官僚にきびしい、かつ不利な制度をつくらなかった。ここには、官僚について、個人罰則の実質における「消失」があり、ここから逆に官僚の職業倫理・職務規律の「崩壊」がおきていく。最近も、特捜検事による「虚偽」捜査報告書作成すら、不分明な理由で不起訴である。

だが、自治体職員には、長にたいしてとおなじく市民制御として、職員個人による個別施策責任を問う「住民訴訟」制度があるのだから、国の官僚・職員にも、民事・刑事、また公務員法による一般規制は当然として、これにくわえてムダづかい、また個別の作為・不作為について、行政訴訟、国家賠償だけでなく、個別施策での個人責任を個別・具体にきびしく追及できる訴訟手続が必要だ、というべきだろう。行政内部での行政処分の強化・公開はもちろん、とくに市民個人からの司法手続について、そこにうまれる「緊張感」を、官僚をはじめ行政職員全体が、職業倫理・職務規律としてもちつづけたい。政治責任を問う〈政権交代〉も、また、この「緊張感」を行政現実のなかにたかめるためにも、不可欠なのである。

今日の日本の官僚内閣制ないし官僚統治の崩壊状況をしめすというべき、社会保険庁あるいは原子力安全保安院の解体問題でも、その中核官僚の責任を明確にせず、結局、官僚ないし官僚OBは、実質、ニゲキレテいる。もちろん、内閣あるいは省庁大臣に見識と責任意識があれば、底抜けの現行法でも、政治家の職務責任として、官僚の個人責任に対処でき、また社会保険庁、原子力安全保安院で事実おきたように、省庁の組織改廃すらおこなえるのだ。

日本の政治ないし理論は、このような職業倫理・職務規律、さらに国法規制・行政処分について、国の公務員個人、とくに幹部公務員としての官僚にたいする責任手続レベルまで、いまだおりきっていない。民事・刑事責任は「人間」としての責任であるが、政策・制度運用をめぐる「公務員」個人としての「行政責任」を直接、間接に市民が制御する手続が、国の官僚にたいしては訴訟をふくめ不十分なのである。

この論点の強化という議論では、かならず官僚のヤル気の喪失があげられる。ヤル気の喪失ならば辞職すればよいではないか。しかし、ここが甘くなっているため、行政つまり個別施策の「ムダづかい」は、ムダでもむしろ「予算」消化としてホメラレルのである。

つまり、「作為」「不作為」について、その行政責任、また市民良識すら、職業倫理・職務規律として、日本の官僚はもたない。どうして、退庁時、昔から接待用の黒塗りの迎車が、省庁玄関チカクにズラリと並んでいるのであろうか。つまるところ、日本の官僚は「市民」以前の特権「身分」なのである。

そのうえ、官僚には担当行政について、のちのち個人責任が問われないよう、短期間でのはげしい「配転」があり、さらには「海外派遣」つまり海外逃亡すらお膳立てされる。責任官僚は責任行政のポストから、いわば「消えて」しまうのである。「特権」官僚たるゆえんである。

官僚の職業倫理としての行政責任というこのB君の論点は、さらに専門技能をめぐる〈職業自治〉という考え方にもかかわってくる。この職業自治という考え方では、日本でもほぼ「同僚裁判」というかたちで、法曹や医師また大学教員など専門職にみられるが、そこでも職業自治をめぐる責任設定についての手続づくりはまだ弱い。周知のように、公認会計士についても、企業会計についての責任のとり方をスッキリさせるべきという議論になっているのだが、「これからの問題」というほど、まだノンビリして無責任性にちかいのがその現実である。企業汚職のカラクリが見えにくいのも当然であろう。

農業から工業、また情報産業をふくめ、〈職業自治〉という考え方も、日本でなぜ育たないのかと、B君はあらためて問う。ヨーロッパのように、中世ギルド以来なのだが、職業訓練をふくめて職業自治という自治規制をきびしくすべきだというのである。食品や製品、あるいは建築ないし工事の検査など、市民生活全般にわたる、職業人個人、またその団体・企業によるインチキについては、職業自治にもとづいて、職業人相互にカネもだしあう第三者機関や検査施設の設置が不可欠だという。当然の論点である。

だが、日本では、この職業規律のおおくは、またまた仕事をシタクナイ、天下り用の省庁外郭組織での所管領域となって、底が抜けてしまう。民の自治がなければ、官は増殖する。

日本の記者も、ニュース源として省庁や自治体、また警察などでの、記者クラブないし関連ITへの依存がつづく。この記者たちの発言内容や用語法を注意してみれば、政治家ことに官僚への明治国家型幻想が、言葉のハシバシにつづいているのがわかる。なぜ、「官民」という言葉がいきのこり、記者たちの職業倫理からみて、どうして安易につかわれているのか。市民・プラス・マスコミ人としての独自の職業倫理が欠如しているのである。ここは、文章がながくなっても、「市民、団体・企業、ついで政府も」でなければならない。「官民」を逆転させる、よい言葉はないものか。

○月○日

〔47〕論理極限と思考のバランス

民主政治について、論理をつきつめると論理破綻になると、Y君はいう。、民主政治には、次の極限論点があるとのことだった。さすがである。

（1）タテでの「治者と被治者の一致」→全体主義

（2）ヨコでの「個人の平等」→無政府主義

この（1）全体主義、（2）無政府主義のいずれも、民主政治の論理極限だと、Y君はいう。

市場原理と計画原理との調整もこの論理極限に関連する。純粋市場、純粋計画は論理極限にすぎず、このためファナティックな市場原理主義、計画原理主義はなりたたない。実際の政策・制

〔47〕

度は、市場と計画の両極における中間での設定となる。いわばポリシー・ミックスである。

私たちの思考には、論理にくわえて、日常生活の〈経験〉のなかで育ってくる、〈市民相互性〉という良識、つまりバランスのある市民型均衡感覚が必要だというのが、Y君の意見である。昔流の倫理でいえば「中庸」である。

たしかに、社会理論はかつてのような「真理」の探求ではなく、今日では政策・制度選択をめぐる《合意》基準の模索となってきたため、なおさらである。事実、極限ないし純粋の論理は誰をも破綻させ、その結果、誰もが理解できなくなる。つまり、思考のムダないし独善にすぎない。思考の病理といってよいだろう。

そのうえ、社会についての理論では、論理化できない、グレー領域というべき〈周辺〉がつきまとっている。社会調査としてのいわば「全体調査」は不可能、かつ無意味もここからくるため、理論概念の確立による「典型調査」たらざるをえない。このことを、社会調査ではたえず自制として、自覚しておくべきだろう。

とすれば、時代の変化に即して、たえず変わる社会についての予測・調整、そこからくる問題解決のための〈政策・制度〉づくりをめざす社会理論では、ひろく《市民良識》を基調におきたい。社会理論は、自然科学と異なって、それぞれの時代での市民良識、つまりできるだけひろい幅の〈合意〉がえられる、均衡ある「規範論理」の模索・構築が課題なのである。

○月○日

〔48〕日本の裁判思想と市民社会

Ｂ君は日本の裁判にみる官治型特性を批判する。市民社会の〈一般法〉としての民法をめぐる民事裁判では、当然、関係当事者の相互性がとられている。だが、同じく市民社会の一般法としての刑法による刑事裁判では、つい最近の『犯罪被害者保護法』の制定まで、裁判手続上、加害者被告の人権は問題にされても、被害者の人権は無視されてきたことになる。なぜか。

明治国家から、日本の刑事裁判では、加害は被害者への加害ではなく、オカミないし国家統治への《加害》とみなされたため、被害者の裁判参加は無視されたのだとＢ君はいう。つまり、国の検事は被害者「市民」を代行するのではなく、「国家統治」を代行していたにすぎなかったのである。

刑法は、日本では、《市民社会》の〈一般法〉であるという特性が見失われ、治安をめぐる《国家統治》の法に、古来、とくに明治国家から変質していたとみるべきだろう。本来、刑法も市民社会の一般法として、「市民相互」の〈正義〉をめざしていたのではなかったか。日本の裁判思想・

論理の全面再検討が不可欠である。刑法の全教科書の書き替えが必要となっているのだ。

裁判員裁判のはじまり、特捜検察の再編、検察審査会の強制起訴についても、司法への市民参加・市民監視をめぐって、それぞれ制度として成熟させうるであろうか。

○月○日

〔49〕《自民党史観》と世界地図

日本のテレビは小泉内閣以降、劇場政治型、つまり大衆消費用にドラマ仕立にして、同調化をめざした〈風〉を吹かせるのに、なじんでしまったかのようにみえる。だが、その実態は、ナサケナイのだが、見識ついで経験のない若い記者たちによる、相互同調のワイワイサワギでしかない。国の政治家で〈風〉を吹かせられなければ、今度は知事や市長などで騒ぐ。結果として、ニュース番組のワイド・ショウ化が、デマゴーグ、つまり善人・悪人を問わず、「思いつき政治屋」「ミセカケ政治家」をめぐってすすむ。

二〇〇九年、日本で戦後はじめて実質の「政権交代」となったにもかかわらず、《自民党史観》にたつともいうべきマスコミ論調は変わらない。自分たちが若き日に育ってきた自民党長期政権の「官僚内閣制」型政治への郷愁が、二〇〇九年の「政権交代」後もマスコミでつづく。《政権交

〔49〕

代》による、官邸官僚の総いれかえがまだ日本ではじまっていないからなのだが、民主党は最初の政権交代の組閣時点で、まずここで失敗していたのである。民主党新内閣では、スタッフ人材の準備不足がそこにあったのか、それとも総いれかえを考えもしなかったのか。

くわえて、巨大借金、人口高齢化で「沈没」しつつある日本の政治・行政、経済・文化における、その構造再編をめざす《市民政治》、《自治体改革》、《国会内閣制》への展望・模索も、マスコミにはない。今日のニュースやその解説などは、半世紀余、自民党がつちかってきた、政官業学＋マスコミの《自民党史観》をながしているだけともいえる。

今後、政権交代が数回できて「国会内閣制」を基軸とする先進国政治への移行となるまでは、さしあたりは、官僚による「反」民主党内閣という「雑音」や「抵抗」までもくわわって、日本におけるマスコミの《自民党史観》への「総同調」という呪縛がつづくことを覚悟しなければならないのではないか。民主党の将来も、半世紀余にわたる自民党失政の後始末をふくめ、最初のこの《政権経験》から何を学ぶかにかかっている。ぜひ整理して、必らず公開すべきである。

日本のマスコミ論調では、戦後半世紀余にわたる自民党政権の功罪についての整理・総括も、自民党長期政権崩壊後、三年近くたっても、いまだにできていない。「官僚内閣制」が当然の基軸となる《自民党史観》が、マスコミの体質となってしまっているからである。日本のマスコミは、か

〔49〕

つてみずからの「戦争責任」すら自立して問えなかったのだが、今日、自民党の半世紀余の《戦後責任》も整理できない体質なのである。それに、自民党自体も、自民党なりに政権半世紀余の功罪を整理して、次の政策綱領すらマトメルことができず、ひたすら政権奪権を叫ぶのみに、おちぶれてしまっている。

S君は、日本には、冷戦の終った今日でも、とくにスポーツではようやくサッカーの世界地図が野球から独立してきたが、これまでニュース・キャスターや政治家をふくめて、日本には野球で補強されたアメリカ中心の世界地図しかなかったという。あたっていると思う。このアメリカ中心の世界地図もまた、《自民党史観》からきているのだ。たしかに、注意して聞いていると、政治家たちは「全員野球」といった言葉を与野党をとわず、よくつかう。

私たち市民は世界地図を何枚ももつ必要があると、S君はいう。この何枚もというのは、これまで「世界観」とか「個性」あるいは「人格」とかいって、各人一枚づつの地図しかもたないと、日本では考えられてきたからである。都市型社会では、経済、技術、石油、漁業、緑、スポーツ、音楽、宗教などなど、また政治、司法、官僚というような項目などで、たくさんの「世界地図」を個人がもち、この複数の世界地図をみずから比較・複合させながら考えていくというのが、地球規模での多元・重層社会にはいってきた今日、現代市民の思考条件だという意味である。

とすると、各項目それぞれの世界地図のなかでは、日本の位置もさまざまに変っているため、私たち個人は、日本、とくにその政治を複眼でみうるようになる。

○月○日

〔50〕認識主体の階層複合性

本書〔24〕でものべたが、ハンガリー生まれの後期マンハイムの話になる。前期はいわばドイツ時代で、『イデオロギーとユートピア』、『政治学は学として可能か』など、いわば「知識社会学」の時代である。イギリス亡命後がいわゆる後期マンハイムとなる。すでに亡命前のドイツでまず書かれていたのだが、その後イギリス亡命後、大胆に加筆された『変革期における人間と社会』をはじめ、後期は「社会・計画理論」の時代となる。

《市民参加》の「経験」したがってその「熟度」もない日本での理論家たちは、「政策・制度型思考」にも当然、未熟のため、奇妙にも、この後期マンハイムの業績はほとんど理解できないのだと、B君はいう。戦後もつづく、日本知識人の〈観念過剰〉、つまり個人発想のひたすらの記述という「私小説」と同型の、〈私文化〉型の特性をしめす事例として、この事態を考えたい。

この前期マンハイムを評価するだけでは、いわば社会理論ではなく、社会思考の入口の方法論どまりのため、かえって日本型思考がもつ、〈私文化〉型の、内面指向という「非生産性」をしめすだけとなる。そのうえ、日本の社会理論は学者相互の引用どまりとなり、社会の〈歴史・構造〉にせまれない思考構造なのである。

B君は前期マンハイムについても、その「視座」という考え方を、より「実務」的にしなければならないという。各人の「視座」は、その専門職業・政治位置をふくめ、みずからの生活経験をめぐって、それぞれ独自性をもつからである。たしかにB君のいうように、カントやベルグソンが「純粋」とのべたような「経験一般」は存在せず、個人が生活のなかでみずからがつくりあげた、その独自の「視座」によって、思考の型ないし個性をもつ。

また、日本の私たちはあらためて考えたいのだが、もし国という言葉をつかうときも、この国は戦後半世紀余は、実質、官僚内閣制型自民党政権のことだったことに留意すべきではないか。つまり、二〇〇九年、戦後はじめての〈政権交代〉後は、「国」という言葉の使用をやめて、「かつての自民党政権では」、「今日の民主党政権では」と、《政権》という責任主体を明示しながら、私たちは論ずるようにしたい。これは、日本人の戦後はじめての経験となる。

政権交代があるかぎり、もはや《国一般》の政治はありえないからである。日本で国「一般」を想定してきたのは、官僚内閣制型の自民党内閣が日本で半世紀余、続いたからにすぎない。

〔50〕

国「一般」ではなく〈政権内閣〉が国の政治に責任をもつ。「国」というから、政権政党は半世紀余つづいた自民党政権のように「朕は国家なり」となり、半世紀にわたる政権政党としての政治責任すら「自覚」「整理」できない。かつての自民党政権はみずからを国と「誇称」して、オゴりかつ無責任となっていたのではないか。

事実、マスコミも今日混乱しているのだが、「国の責任」というとき、五〇年余の「自民党政権」の責任か、三年近くの「民主党政権」の責任かを、ハッキリさせないため、民主党政権はフクシマや政府大借金、また官僚内閣制という自民党政権半世紀余の「失政」すべてを、覚悟のこととはいえ、オヒトヨシもあって、かぶっている。マスコミでは自らの反省をふくめて、この「国の責任」という言葉についてのケジメをつける思考が、いまだにできていない。《政権交代》についての意味を、政党自体、また官僚、ついでマスコミもわかっていないのである。ここがまさに〈自民党ボケ〉なのである。

議論はつぎに、各個人の「視座」の位置になった。都市型社会の今日での個人思考は、閉じられた身分や階級ではなく、個人が選択する自由な〈役割〉ないし〈職業〉によって、条件づけられている。

この条件づけについては、その位置を、つぎのように考えてみる。

〔起〕問題提起　市民、ジャーナリスト、評論家、政治家
〔承〕問題整理　専門家、学者、行政マン
〔転〕問題再編　市民活動家、評論家
〔結〕問題解決（政策・制度づくり）　市民、政治家、行政マン、また団体・企業

従来型の「認識一般」の設定とは異なる、知について、その立体配置がこの「認識循環」にみてとれるだろう。そのとき、市民ないし市民活動家とは、日々の生活にとりくんでいる、ナミの私たちなのである。そのうえ、「学者」の仕事はワズカでしかないこともはっきりする。

ここからまた、この「起承転結」という認識循環をめぐって、自治体、国、国際機構における、それぞれの政府決定の制度・手続のクミタテがあらためて問われることになる。

○月○日

〔51〕「語学」教育崩壊と官僚思考

帝国大学学生要員の育成をめざし、旧雄藩の地にまずおかれた国立の旧制高等学校は、それこそ欧米先進情報の翻訳要員の養成のため、先進国の英独仏語、戦後は露語など、主要語学別にクラスが編成され、主副二カ国語の時間数が圧倒的に多かった。このため、旧制の帝国大学では、文学部をのぞいて、いわゆる「語学」の授業はなかった。もちろん、語学といっても、当時は「翻訳」能力のための文法中心で、国際市民交流をめざしたオシャベリは教育のなかにふくまれていない。旧制高校での語学の先生自体もオシャベリはできなかったのが、その実状であった。

よく旧制高校は教養を重視したという俗説があるが、実は《翻訳》による後進国から先進国への早期移行をめざして、いわば帝国大学卒官僚への要員教育をめざす政治装置であった。そのとき、帝国大学卒の官僚にとっても、また軍学校卒の軍官僚にとっても、オシャベリはできなくても、「洋行」は先進国ないし「文明」をみるというだけでも名誉であり、優等生としての出世の誇りでもあった。戦後は、アメリカの対日食糧援助への日本負担分からでたのだが、官僚をふくめフルブライト奨学資金によるアメリカ大量留学が一時主流となる。

だが、一九八〇年代前後から、日本でもようやく市民ないし企業のレベルでの国際交流がはじまるとともに、国際交流が不可避となる都市型社会に移行しはじめる。ここから、逆に日本の近代化をになった明治国家型の官僚思考は、特権身分意識をともなうため、この都市型社会における市民の《現代》型生活課題が理解できない、という問題状況があらためて露呈してくる。「高度成長」期の当時、国の戦前系譜の官僚統治ないし国法のオクレにたいして、「市民運動」といわれた市民活動が激発した理由は、ここにあった。

その後、二〇〇〇年代における〈分権化・国際化〉という日本の転型期のなかで、あらためて従来型の省庁官僚をはじめ、政治家、外郭・圧力団体の複合による、〈閉鎖国家〉型での既得権死守という現実がみえてくる。省庁官僚中枢は、官僚の既得権保守のため、「明治開国」とは反対に、「平成鎖国」願望にとりつかれている。

今日でも、明治以来の日本の学校語学は、「開かれた国際市民交流」ではなく、「閉じられた官僚国家形成」をめざしていると断ずることができる。文法中心のため結局、いつまでもオシャベリはできない事態が今日もつづく。

テレビ広告をみていると、赤チャンと同型なのだが、いつでも、どこでも、耳から外国語のヒヤリング、ついでオシャベリに、習熟できるというかたちのシステムがひろがってきたようである。かつても寝ているうちに上達するという睡眠学習があったが、同類なのだろうか。日本の企業でも、近頃では、会議は英語というところも、ふえてきた。

ともかく、外国人教師によるオシャベリ教育導入、またオシャベリ留学、年少者オシャベリ教育など、小規模での工夫もあるが、日本の文部科学省が明治以来構築してきた「翻訳語学」教育が続く。学校教育のみで、オシャベリ、つまり国際市民交流ができるとは、今日誰も思っていない。日本からの、また日本への、留学生数が減ってきているが、ここで私たち市民はナゼという問をもつべきだ。国際ランキングでも、新興国の大学に抜かれて、日本の大学の評価は低くなってきたという。

○月○日

〔52〕国ホロビルトキ、基礎自治体カラ君子イズ

日本の会計検査院は、仕事をしない、できない、責任がないで有名である。問題にした検査結果の事後処理、また当事者処分にも責任をとらない組織になっていた。くわえて、日本の行政会計方式も、国、自治体をとわず、いまだに明治以来の大福帳方式で、連結財務諸表がつくれないため、特別会計・外郭組織をふくめた資産・負債の連結した総額すら、省庁中枢の財務省も、会計検査院とおなじく、誰もわかっていない。また、無限大にちかいため、どこまでが「外郭組織」

なのかという定義も実態もわからない。

O君は、戦前の「天皇に直隷」という意識が会計検査院に今日ものこり、お公卿様なのだろうという。時々オモテにでたが、かつてはお公卿様よろしく、検査時に昼食、さらに夜の酒席までタカル始末だった。そのうえ、日本の会計検査はいわば事務ミスのレベルにすぎない。政治プロジェクトにはほとんど手をつけない。自治体の監査もおなじだが、会計検査が制度としてはたらかない行政機構しかもてない私たち日本の市民は、自治体、国をふくめ、戦後も、《立国》の思想を謬ってきたというべきではないか。

〔52〕

会計検査院の活動については、憲法九〇条一項の規定どおり、国会の決算審議との連携をつよめ、成果の拡大をその課題とみなすべきである。だが、従来、カナシイカナ、国会両院ともに決算委員会は実質、閉店状況のため、会計検査をめぐる国政改革もすすまなかった。決算審議にすらとりくめないという、官僚内閣制型の国会責任はおおきい（拙稿「会計検査のフロンティア」『会計検査研究』一九九四年九月、拙著『現代政治の基礎理論』5補論、一九九五年、東京大学出版会所収参照）。

せめて、衆議院は予算中心、参議院は決算中心という最近の動向をまずは強化したい。それにしても官僚内閣制からくるのだが、戦後自民党政権における官僚ないし行政にたいする制御「無能」はアキレルばかりだ。

〔52〕

そこには、日本の社会理論にもおおきな問題点がある。社会理論は現状分析によって情報公開にもなるのだが、戦前は天皇制思想警察のため政治・行政現実の実態を研究できず、戦後も戦前からつづく「輸入学」的性格とあいまって、おなじく日本の政治・行政現実へのたちいった実態改革の検討をしてこなかったからである。

会計検査院は、それこそ「独立機関」というかたちで憲法での制度化をみているため、かえってこの「独立」が会計検査院を弱めていた。明治以来、それに戦後も、官僚内閣制型の省庁官僚はこの会計検査院を天下り先アッセンなどで馴致していたのである。会計検査院の強化は、むしろ本書〔35〕、また本書二三五頁の図3でもみる、国会の衆・参決算委員会との「連携」による、省庁からの自立、つまり、〈国会内閣制〉型解決となる。

国会の改革はいまだわずかのゆきつ・もどりつだが、自治体ではようやく、私が提起した自治体の「憲法」となる《基本条例》の制定というかたちで、基礎自治体としての市町村から、すでにみずからその改革への模索に一歩ふみだしている。

基本条例は本来、理論としては一つなのだが、自治体は、長・議会の「二元代表制」のため、(1)自治体基本条例、(2)自治体議会基本条例の二本ダテになるところがおおくなり、二〇一二年三月現在、一七〇〇の市町村中、(1)(2)それぞれの基本条例数はほぼ二三〇ずつの制定をみているとい

〔52〕

う。当然、戦前官僚が、戦後、旧帝国議会をモデルにつくった『標準議会運営規則』は、今後、順次ポイステとなる。ただし、広域自治体の県は、戦前型での縦割省庁の人事出向があり、国直轄性がいまだにつよいため、県議会は今日もこの基本条例の制定には及び腰である。国亡ビルトキ、基礎自治体カラ君子イズである。ともかく、基礎自治体での議会改革の第一歩のふみだしがはじまった（拙稿「政策づくりとしての政策法務」『自治体法務NAVI』二〇一一年一二月、第一法規参照）。

また、O君は『広辞苑』の最新版をみて、いまだに「国家」の項は戦前の「国家三要素説」をとっていると指摘してくれた。一九世紀後進国型の旧「国家法人説」、つまり《国家統治論》からくるのだが、国家は政府・領土・国民の三要素からなるというかたちで、《主権者国民》を国家の一要素とみなす、かつての明治国家の旧説が、二〇一〇年代の今日もいまだに日常用の辞典にかかげられている。これでは、日本の国民は主権主体ではなく、国の部品にすぎなくなっているではないか。他の辞典も同型とのことである。

「国家」を辞典用にみじかくのべれば、「国民が基本法（憲法）を制定してつくる、国レベルの政府のこと」、となる。しかも、国家とは、今日では、「国民共同体」でもなく、私たち市民が基本法の制定によって組織・制御する国レベルの「政府」にすぎない。そのとき、また今日では、主権者の国民も、「共同体」ではなく、国籍をもつ個々人としての「市民」たちとなる。

○月○日

〔53〕3・11フクシマと《行政崩壊》

3・11にはじまるフクシマ原発問題は、スリーマイル、チェルノブイリにつぐ、原子力発電所の大破壊・大爆発であった。この日本における今回の事故も世界を震撼させた。その危険度は、国際基準で最高の七で、原発周辺の方々は故郷に戻れないという事態のなかにある。

放射能で汚染した農地や山野の土などの処理・除去は想像をこえる困難をともなっており、また放射能の消失には想像をこえる時間もかかる。かつて、原子力発電自体が、放射能の最終処理の方法や場所を考えずに、「見切り発車」したままなのも、原子力発電国すべてがかかえる、今日の実状である。とすれば、一時的に電力の〈恩恵〉をうけても、今後の原子力ゴミの負担の物理的長期性、経済的巨額性とあいまって、原子力発電開始は、未来世代にたいする《犯罪》をおかしたというべき位置にある。

日本の原子力発電は、自民党長期・官僚内閣制政権をめぐる政官業学＋マスコミ複合のなかでの、いわゆる《原子力村》によって推進・管理されてきたが、第二次世界大戦で原子爆弾を製造・使用したアメリカが、戦後、冷戦戦略として、「原子力平和利用」をかかげたことに始まる。

原爆被爆国であった日本では、「営業する原子爆弾」である原子力発電を、「原子力平和利用」と

〔53〕

いうバラ色にヌリカエ、正力松太郎、中曽根康弘らの自民党政治家を中心に、アメリカの世界戦略に同調してすすめられた。まず、アメリカ・モデルの発電施設そのものが、原子力植民地として、日本のフクシマに導入される。この時点から、学校教育も動員しながら、原子力の〈安全・安価〉神話が自民党政権の「政策」としてつくられていった。

だが、この原子力管理問題については、市民型独立第三者機関によるべきという国際原子力機構から批判をうけるにもかかわらず、日本型の省庁管理、つまり官僚内閣制方式がとられてきた。出発以来変遷があったとはいえ、3・11当時は、自民党《原子力村》によるムラ型官僚管理で、原子力安全委員会、原子力安全保安院は、それぞれ原子力開発推進の内閣府、経済産業省におかれたままであった。しかも、原子力安全委員会は行政に無能ないわば審議会型委員からなるため危機には役だたず、また管理の実務組織である原子力安全保安院もそのトップをはじめスタッフには、原子力専門家は少なく、原子力に素人である経産省官僚のローテーション人事だったという。所管する経済産業省官僚、就任した官僚個人いずれも無責任のきわみであった。

3・11当時、当然、原子力安全委員会、原子力安全保安院は無能組織・無能人材のため原発管理能力をもたず、東京電力の本社機能喪失とあいまって、原発管理は実質「崩壊」する。くわえて、周知のように、これらの組織当事者たちは、情報の伝達・整理・公開の能力もなかった。情

〔53〕

報の伝達・整理・公開に実質とりくまなかった自民党官僚内閣制長期政権下での、官僚ないし大企業の劣悪水準がここにある。

内閣は民主党に変わっていたが、3・11以降のフクシマの現実は、自民党官僚内閣制段階での堕性によるとみるべきだろう。民主党には、自民党が依存してきた戦前からの官僚内閣制を《国会内閣制》に変える意志をもつかが問われつづけているのだが（図3・本書二三五頁参照）、日本の政治家は与野党ともに、《官僚内閣制》型の日本の官僚法学、講壇法学に馴致されているため、この大改革はいまだできない。結局、日本の原子力行政は、自民党系譜の官僚内閣制の日本では、人材・訓練の未熟もあって、最初から政治としては「失敗」の〈構造〉をもっていた。

民主党内閣は、自民党系譜の内閣府・原子力安全委員会、経済産業省・原子力安全保安院の破綻にともない、各党協議のうえ、人選いかんによるのだが、独立の市民型三条委員会としての原子力規制委員会、また環境省・原子力規制庁を新設し、その二〇一二年四月一日の発足を予定していた。だが、七月でも発足できていない。自民党系譜の旧「原子力村」ないし経済産業省は、現原子力安全保安院のもとでの原発再稼動をめざして、逆行型抵抗をおこなっているのだと、誰もがわかる経過となっている。ここがまた、民主党野田内閣ないし日本の政治・行政における、官僚主導へのユレの実態をしめす。

〔53〕

そのうえ、原発再開となれば、それ以前に、新しい原子力規制委員会、原子力規制庁による、全電源喪失をふくめ、従来の旧「欠陥」運営基準・マニュアル類の全面改定・公開が不可欠となる。しかも、地震・津波対策、また活断層など原発立地の改善問題もまだまだ残る。3・11後、一年半の今日、あらためて、東京電力のみならず各電力会社、さらに経産省などをふくめ、旧「原子力村」の問題性について、きびしい監視・批判が急務といわざるをえない。

私は「昔陸軍、今原発」と批判して、かつて一九七八年、『市民自治の政策構想』(朝日新聞社)で、自然エネルギーの新しい市民型開発を提起したが、それから三五年近くがたった。その間、電力会社は国策会社として、政治関連のバラマキまで電気料金に組みいれるという「総括原価方式」をとり、とくに、東電は一人年一〇〇〇万円の顧問料をだして次官クラス旧官僚をふくむ政治ネットをつくるとともに、さらに国の官僚組織と同型に、幾重にもかさなる多数の子会社をつくって、本社は高利潤・高人件費のもと、その影響力を誇ってきた。

3・11以降も、東電幹部は経営責任についての反省もなく、二〇一二年の家庭電力料金値上げ申請については、東電の「権利」と幹部が発言する始末で、国策会社という官僚体質は全く変わっていない。敗戦によっても、日本官僚機構の官治・集権体質が変わらず、今日もつづくのと同型である。人間は変われないので、結局、各電力会社の解体・再編が不可欠である。

〔53〕

三月一四日その日、いまだ東電の正式決定ではないとしても、東電が政治として事前に政府に打診したように、もしフクシマから《撤退》していたならば、東京は放射能問題をめぐってパニックにおちいり、今日、東京したがって日本は崩壊していたであろう。すくなくとも、今日の姿はない。事実、当時、アメリカ軍などの放射能情報によって地球規模での危機感は高まっており、パニックにおちいっていた在日自国民のため、各国から救援機が飛来していた。

そのうえ、自民党長期政権下、日本の原子力行政、とくに経産省・原子力安全保安院は、自民党長期政権の〈安全神話〉にひたりきって、ひろく地域市民への広域・長期の避難計画策定すら、〈安全神話〉の崩壊につらなるとして、拒否していたのである。

この東電の撤退をくいとめえたのは、一五日早朝、菅首相が直接、東電本社にのりこみ、原発超危機のなかで、「制度欠陥」さらには「当事者無能」が露呈して破綻した行政指揮系統の回復をおしすすめたためであったことを、記憶しておこう。

問題は、自民党政権・省庁官僚がつくったのだが、「制度設計」また「人材配置」でも失敗していた原子力安全委員会、原子力安全保安院、また企業責任喪失の東京電力本社それぞれが、3・11当日、〈責任組織〉としての《崩壊》によって、フクシマについて「管理不能」という超《危機》におちいったという、現実にある。そのとき、《誰》が解決するかという、超危機状況固有のキビシサが中枢問題だったことを、強調しておきたい。

国会あるいは政府の事故調査をふくめいずれの調査も、それぞれが学者型の客観・厳密をめざすだけで、自民党系譜の〈原子力責任行政組織〉また東京電力本社の《崩壊》という超危機状況において、《誰》が解決するかという、基本の緊急論点への《想像力》を欠く、ピントハズレの報告書にとどまっている。

くりかえすが、そこには、フクシマの〈現場〉への信頼とは別に、原子力責任行政組織、ついで東電本社それぞれのトップの《崩壊》という、超危機状況の発生があったことを、あらためて確認すべきだったのである。行政みずからがつくり、しかも行政がみずからひたりきった「安全神話」のなかで、「想定外」の事態のため、関連行政自体が《崩壊》したのである。

だが、《事後》、省庁官僚などは、この官僚責任組織の《崩壊》を無視して、《官邸介入》を強調するかたちで、意図的に民主党内閣批判にスリカエ、これにマスコミもいつもとおなじくオドッタことが、今日ではあきらかとなっている。かつて細川内閣でも、《政策の継続性》、つまり官僚内閣制の継続をかかげて官僚が細川内閣に抵抗したのと同型である。「内閣は変れど、内閣にたいする省庁官僚の官僚内閣制型抵抗は変らず」である（前掲拙書『国会内閣制の基礎理論』一五九頁参照）。

〔53〕原子力発電をめぐっては、将来、日本のエネルギー構成をどうするかについて、3・11以降、い

〔53〕

まだ国民合意はかたちづくられていない。そこには、(1)早急な原子力発電再開をめざす各電力会社の、電力供給能力についての情報カクシ、(2)経済産業省官僚によるサボリ型の逆行性抵抗、(3)野田（民主党）内閣の政府としての逆行型ユラギ、(4)マスコミにおける情報整理の未熟、さらに(5)日本企業の原発輸出にかんする法務問題、(6)原発設置市町村・県における原発交付金、電力会社寄付金による財政膨張問題など、さらには(7)未発足の新原子力規制委員会、新原子力規制庁による原発の旧「欠陥」運営基準・マニュアル類の全面改定・公開のオクレがかさなって、いまだ国民議論の焦点すらさだまらない。これらが、自民党長期政権以来の、日本の政治・行政、情報・政策水準とみるべきだろう。

日本のエネルギー政策は、戦後、日本を分割して地域独占・地域支配を保障された国策会社としての各電力会社が基軸となっていた。そのうえ、経産省・原子力安全保安院も東京電力に操作されていたという。この市場原理がはたらかない時代錯誤の、しかも自民党に癒着しつづけて自民党に政治資源を供給し、また官僚を飼養しつづけて政権内部に「原子力村」をかたちづくった、この官僚型ダメ国策電力会社全体の解体・再編は不可欠である。

二〇一二年四月、あらたな政府出資株にともなう東電の「国有化」が、政府による会長おくりこみとともにはじまっている。今後はきびしく監視しうるのだろうか（電源新開発の考え方については本書〔66〕参照)。

○月○日

〔54〕価値観念=自由の制度化

日本の私たちのおおくは、近代以降、歴史の蓄積として成立した個人の「自由」という観念について、非歴史的、したがって観念遊戯としての理解にとどまると、E君はこの言葉の使用法を批判する。ここから、とくに、哲学者たちがこの言葉をふりまわすのは困りものとみている。

事実、自由という言葉は、哲学概念、ついで法制概念というより、まず《近代》の「個人自由」として、政治のなかで創出され、《現代》の今日では「普遍市民政治原理」として根づくという、歴史経過をもつ、多義性をもつ価値観念である。ヨーロッパでの近代化=工業化・民主化のはじまりからくるのだが、農村型社会の社会原型であるムラ+身分の崩壊がその歴史起点にある。

二人はつぎの結論になる。近代にはいって《個人》の「自由」という「価値観念」の歴史成熟が、立法とくに憲法制定によってその「制度化」をうながし、この制度化によって「規範概念」として自立していくというのが、私たちの考え方である。

私は、さらに、この価値観念・規範概念としての自由について、市民みずからが自由を保障する〈自治・共和〉をめざした「基本法」、は、憲法のみでなく、今日では自治体基本条例、国連憲章の基本原理をかたちづくるとつけくわえる。また、市民個人自身によるこの自由の保障は、その古典理論の構想者ロックが提起した「抵抗権」ないし「革命権」、あるいは「亡命権」の行使である。この抵抗権・革命権がさらに日常制度となるとき、〈選挙〉による〈政権交代〉となる。選挙は頭をタタキワルよりカゾエルといわれる理由である。選挙とはいわば革命の日常制度化でもある。

かつて、イギリスの一八世紀、憲法学の創始者ともいうべき、しかも世界最初の制定法としてのアメリカ憲法に強い影響をあたえたブラックストンは、イギリス一七世紀、近代市民政治理論の古典的形成者ロックのいう〈生命・自由・財産〉をまとめた「自然権」という言葉を、主著『イギリス法釈義』に直接引用して、次のようにのべていた。ブラックストンは、「自然権」としての個人自由は、人間の「普遍権利」であるが、現在、世界中ではイギリスでのみ、つまり、イギリスの伝統法であるコモン・ローによるというかたちでのみ、「イギリス人の権利」にとどまっている、というのである。

ブラックストンの「歴史相対」的な考え方を論敵として批判し、社会理論における「普遍論理」をかたちづくるニュートンたらんとめざしたのが、おなじくイギリスの急進啓蒙理論家ベンサムであった。彼は、この個人自由から出発し、今度はその完全な憲法成文のモデル作成をめざして、制定憲法条文をつくる（西尾孝司著『ベンサム「憲法典」の構想』一九九四年、木鐸社刊は、丹念によみこまれていて、国家統治型ドイツ系譜に今日もとどまる、おおくの日本の読者に必読である）。

Ｅ君は、また後進国ドイツのカントにふれてのべる。カントの有名な短文『啓蒙とは何か』（岩波文庫の邦訳あり）は、ほぼベンサムと同時期、先進国イギリスにおけるような個人自由の制度保障をめざした革命の歴史をもたず、また条文化という課題も日程にのぼっていないため、天空における幻想・理念、つまり「理性の要請」としてのみ個人自由を位置づけ、国家統治型と異なる市民共和型の立憲君主制を提起していった。Ｅ君はこのカントの立憲君主制は、『日本国憲法』と同型で、《共和制》における君主の設定であったと指摘する。

個人自由をめぐって、アメリカ、フランスでは革命が激発するが、思想研究としてはこの先進国イギリスと後進国ドイツとの歴史対比が示唆的である。その後、順次、各国の憲法として成文法化されていくだけでなく、二〇世紀なかばには、国連の『世界人権宣言』、『国際人権規約Ａ・Ｂ』という記念碑として、地球規模での普遍市民政治原理ないし世界共通文化として、合意・確認される。

このとき自由は、日本における「私文化」型での、自由の「観念」、また「観念」の自由にとどまることなく、市民の《相互性》つまり自治・共和型の自由となる。

○月○日

〔55〕市民情報流が政治を変える

S君との共通の理解となっているのだが、次の各情報流の、日本でのシクミが問題となる。

I市民情報流　日常会話にはじまり、ITをふくむ地球規模での市民間の自立した情報の流れ

II国民情報流　とくに日本では国単位の国民情報流として、キー局テレビ、大新聞の寡占

III地球情報流　地球規模の市民情報流から国際通信社・国際放送までふくむ重層化

中米の国民情報流が弱い国では、アメリカのテレビが直接はいりこんでいるという、S君の話からはじまった。

テレビが新聞社とタテ割に系列化して、国民情報流が国レベル、さらに県レベルでの政官業による寡占状態にある日本では、国際情報流は多様なかたちをとる市民情報流というよりも、いまだ国内マスコミの寡占構造が選択・主導すると、S君はみている。S君はこの論点について、日本の記者の考え方と、ひろく世界の考え方とのズレが、戦前・戦中・戦後とつづく、日本におけるマスコミの閉鎖性、独善性、さらに辺境性の証明だという。「全体戦争」の時代である二〇世紀

〔55〕

の新聞、ラジオ、ニュース映画では、欧米をふくめ国単位で、現在の日本と同型の閉鎖性・独善性をもっていたが、二一世紀での日本の報道は一サイクルおくれの二〇世紀型だという。

二一世紀は、すでに地球規模でのＩＴによる「市民情報流」の時代にはいっている。だが、日本の「国民情報流」は、マス・メディアによる寡占状態のため、日本の私たちの考え方をコップの中にとじこめてしまう。とくに、政治では、官僚内閣制の〈自民党史観〉のなかで、「市民活動」、「自治体改革」、「国会内閣制」をはじめ、政治における長期の構造変動をめぐる予測ないし構想を欠く。

私自身、経験してきた戦前・戦中・戦後の「国民情報流」の悲惨さを批判して、一九七〇年代ごろから「市民情報流」という言葉を造語し、新しく問題設定をおしすすめてきた。Ｓ君も、ＩＴをバネとして市民活動を土台に成熟しつつある、地域規模から地球規模にいたる、今日の多元・重層性をもつ市民情報流の成立を強調する。温泉につかって「日本に生れてよかった」式の、政治・経済、文化・スポーツをめぐる日本の「国民情報流」のシクミをとくに批判しているのだ。

○月○日

〔56〕政策法務・政策財務・政策数務

公共事業の実態について、自民党官僚内閣制・長期政権は、予算では、事業別ではなく、人件費を別ワクとするオクレタ款項別、ついで行政会計では、複式・連結型ではなく、大福帳型をつづけているため、原価計算、事業採算が誰にもわかる明快なかたちでの整理・公開ができない。しかも、巷間よくいわれるように、はじめ事業規模は、「ちいさく生んで」設計変更を年々くりかえし、完成時には「おおきく育てあげる」。

このため、政治・行政の「事業評価」を私たち市民がおこなうことは、実質、不可能である。適切な数字が作成ついで公開されてイナイからである。会計検査院さらには国会議員の無能もあって、自民党長期政権はこの半世紀余、ムダのかぎりをつくして、国際水準を超絶する今日の膨大な政府借金をつくってきたといって過言ではない。同型の借金づけは自治体にもみられる。

この「公共事業」という言葉自体がマギラワシイとO君はいう。国、自治体をふくめ目的のスッキリした「建設事業」でいいのに、なぜ公共事業というのか。《公共》とは「市民の相互性」をいい、政府は国、自治体をふくめ、市民つまり《公共》の「可変・可謬」の道具、つまり政府機構にすぎない。個別政府事業の適否についてのたえざる議論、さらにそのための原価計算・事業採

〔56〕

算の公開要求は当然、「公共」としての主権者市民の権利ではないか。国、県、市町村の「建設事業」については、公共事業という言葉をもちいないことにしたい。

そのうえ、個別事業会計も、前述のように最初からいわばドンブリ勘定で、しかも事業終了時には最初の予算の数倍になっていくのである。そこでは、個別建設事業の原価計算、ないし事業採算の算出・公開については不能、さらに会計検査・行政監察のシクミも低劣で、日本の政治・行政における財務水準は未熟そのもので、イイカゲンなのだ。

しかも、この事態に政治学者・行政学者、財政学者・会計学者なども「深入り」しないため、彼らの研究や教科書には現実の汚職ないし水マシ、手抜、また政治献金などはでてこない。これでは、日本には〈現実理論〉がないということになる。いわば、これらの理論は〈無何有郷〉、つまり現実にはない、研究者が願望する事態についての、フシギな現実バナレの「研究」となってしまっている。これでは研究でも理論でもない。

しかも、かつては「国家」観念をめぐって、幻影としての「天下国家のため」、あるいは「国家を憂う」という公務員気質の想定がありえたとしても、いまはない。ここには、公務員自体が自嘲していっているように、公務員数は現在の半分以下でよく、とくに高年幹部は時代の変化スピードが早いため、仕事自体について何をしていいのかワカラナイというのだ。終身雇用・年功賃金という、日本の中進国型公務員制度自体が、すでに時代錯誤なのである。

〔56〕私とO君の議論は、こうしてペシミズムにおちいる。さらにつけくわえれば、今日の建設事業の問題は、事業の種類や量だけではなく、積算の仕方にもある。積算での水マシ分が、企業から政治家に還流していたというのが、各種の汚職裁判の判決文を丹念によむとでてくる。かつて、つづいていた知事汚職判決にもでていた。

日本の公務員制度は実質崩壊しているとみるべきであろう。日本の政治学・憲法学、また行政学・行政法学、ついで財政学・会計学は、なぜこの政治・行政の現実をとりあげないで、幻想を「研究」ないし「理論」と称してきたのであろうか。政治・行政と現場でぶつかってきた市民活動家型理論家に、あらたに、期待したいとO君はいう。

私は公務員ないし行政における市民型の新戦略課題として、個別政策の策定・実現・総括をめぐって、(1)既成法の運用改革また立法改革についての「政策法務」、(2)原価計算・事業採算、また連結財務諸表・指数を作製・公開する「政策財務」、(3)政策効果をめぐる未来推計についての「政策数務」という、実務領域での専門習熟をあらたに提起している。この(1)(2)(3)それぞれに習熟した市民型専門家を定員のワク内で、どのように行政機構に編入するかという難問が、ここでさらにくわわる。この三領域が整備されなければ、政治家は〈政策情報〉をふまえた「政治決定」ができないではないか。

私はこの新実務三領域を市民の社会工学ないし行政技術と位置づけ、従来の政治学・憲法学、行政学・行政法学、ついで財政学・会計学を「市民の学」に再編する転回軸と考えている。すでにこの政策法務・政策財務、政策数務は、私の提案で先駆自治体でははじまっている。これまで、「機関委任事務」方式をタテに、官治・集権型の「通達・補助金行政」のため、自治体の法務・財務・数務は国の省庁から自立できなかったのである。

この政策法務、政策財務、政策数務についての市民型専門要員の途中採用は、従来からマンネリの新採・養成の方法をコワシテ再編するためにも、国、自治体ともに不可欠である。すでに、私の提案のように、少人数の法務室・財務室（数務は企画課担当）の新設が自治体では不可欠となり、その設置もすでにはじまっている（町村では町村会付置）。

この政策法務・政策財務・政策数務が実務として、自治体、国をとわず成熟してくれば、《政策情報》について、その本来の集約・整理・公開もようやくすすみはじめる。この三課題へのトリクミなくして〈政策情報〉の集約・整理・公開自体が不可能である。この三課題からはじめて、自治体、国の政治・行政のなかに、「組織・制御」、「予測・調整」、「構想・選択」のシクミを、市民主導で、あるいは自治体の長・議会、国の国会・内閣は造出できると、私は考えている。

○月○日

〔57〕政治の日常性とオールド・ライト

長くオールド・ライト政治家がめざしていた防衛庁の防衛省昇格、教育基本法の改正といった一連の政策を、オールド・ライトの申し子である安倍首相がおしすすめ、憲法条文改正のための国民投票法制定もひきつづきおこなった。

にもかかわらず、日本の政治に「画期」的変化はなにもおこらなかった。いわば、自民党オールド・ライト系のスケジュールを、小泉オールド・ライトがつくりだした国会の「多数」によって安倍首相がこなした、つまり消化したという反応しか、おきなかった。

敗戦以来、いわば、オールド・ライトが悲願としてきた、憲法改正をはじめとするこれらの政治争点自体が、二〇〇〇年代、都市型社会の成熟という新しい日常性のなかで、イロアセしてしまっていたのである。だが、自民党のなかではこりずに、二〇一二年四月、またまた、政治を「実務」ではなく「観念」としてとらえる『自民党憲法改正案』をまとめている（本書〔76〕参照）。

S君は市民生活での「日常性」のつよさを論点としている。政治大争乱すらやがて「日常性」のなかに埋没する。この日常性への復帰は、恐慌や敗戦などのパニックについてもみられる。

かつては、カリスマ性をもつ「国家観念」を背景として「政治」の可能性への大幻想があったが、「国家観念」のカリスマ性が崩壊した今日、政治変動は日常性の関数になってしまった。「政治」の改革ないし変化への期待がおおきな法制改革となったとしても、政治の日常性をかたちづくる政治慣習・職務慣行はただちには変わりにくい。つねづね、S君は政治は無力といっているのは、ここからもくる。事実、「機関委任事務」方式を廃止して、明治以来の画期性をもつ〈二〇〇〇年分権改革〉もこの事態にある。

長期の自民党政権にかわり、国会内閣制をめざして「政治主導」をかざした民主党政権への《政権交代》の現実も、民主党幹部が慎重な構想と熟度をもち、さらに新政権のスタッフにふさわしい人材をみいだしていなかったかぎり、官僚たちの抵抗もあって、自民党政権段階の五〇年余つづいた官僚内閣制の《日常堕性》に、やがて同化されていく。民主党内閣三代目、野田首相の見解はいかがであろうか。

○月○日

〔58〕「政治・行政悪」と闘うテレビドラマ

思いつきの感想と、規範感覚をもつ意見との間には、スキマがあると、E君はいう。E君によれば、テレビはこの感想と意見とのスキマを利用して、いわゆる街頭で、あらかじめ用意したい

〔58〕

くつかの類型にアテハマル、しかも感想か意見かのわからない発言をナラベテ、しかも政府肯定・批判の双方もこの類型としたうえで、中立性、適正性をヨソオウ、報道テクニックをつかっていると批判する。市民発言の「サクラ化」だという。テレビ・ニュースの担当者は、このようなチョコマカとしたテクニックをつかってはいけないと、E君は考える。

くわえて、戦前、戦中、戦後占領、それぞれの時期での言論統制の記憶もあり、またながい自民党長期政権下で、しかも国の電波管理もあるため、各テレビはみずからの意見ないし異見をもつことができないという「妄想」におちいっているのだと、E君はいう。時間をかけてつくった例外の本格ルポなどがあるとしても、この「妄想」にこそ、各メディアが長年かかってきづきあげてきた自民党「政官業学」複合とのツナガリのなかで、メディア相互の意見が同調・画一となる背景があるとみている。特ダネ競争も、かつては記者クラブの規制のワク内でおこなわれていたが、今日ではいわば記者みずからがこの同調・画一のワクをつくり、ニュースを特ダネ競争どころか、ニュース自体を定型化つまり「制度化」して、〈風〉をつくる。

日本の官僚内閣制が記者クラブなどをとおして長期にかたちづくってきた、このニュースの擬似「同質」の論理は、戦前、戦中また戦後占領という各期の検閲がその原型となり、その後「習い性」となってつづくのである。だが、実際には、各メディアはそれぞれ政治党派性をもつのだ

〔58〕

から、むしろその党派性を公然化して、私たち市民がメディアを選択できるようにしたい。でなければ、日本の社会・政治について、各メディアが相互に、世論レベルでの「擬似現実」をかたちづくるという、オシキセ情報となり、日本の政治全体が同質型の同調デモクラシー、つまり擬似デモクラシーになってしまうと、E君はいう。小泉首相の劇場政治も、マスコミの編集テクニックによる同調・疑似デモクラシー、つまりポピュリズム政治だったのである。

当時のテレビ報道担当者は、なぜ、あのような幻惑ないし宿酔の政治状況をひきおこしてしまったのかとヒソカニ反省していると、私は考えたい。だが、その後も、知事や市長などについても、「思いつき政治屋」、「ミセカケ政治家」の登場によるミセ場がテレビでつづいている。

そのうえ、問題を視聴率・発行部数競争の過熱にスリカエてはいけないと、私は思う。問題は、現場記者の「職業訓練」について、各社の見識のナサにあると考えたい。たとえば、新聞の新入記者は入社直後、地方支局に配属されるのだが、〈二〇〇〇年分権改革〉など、今日性をもつ《自治体改革》の成果などについて「見る目」の研修もなく、〈県〉や〈市町村〉という旧来型のムラ+官僚統治の「現場」でナラサレテ、これが〈現実〉だと思いこんでいく。

ただ、私はテレビ・ドラマをたかく評価している。テレビ・ドラマがえがく「悪」の政治・行政フィクションによって、日本のマスコミでの「政治・行政ニュース」では、通常はアバキにく

〔58〕

い「政治・行政のカラクリ」をえがきだし、しかもかならず政治・行政悪をコラシメルという勧善懲悪すらツラヌキ、教訓的ですらある。

かつて、戦前、戦中、戦後占領期では、思想警察などの検閲で、ドラマは政治への「翼賛」という国策物語か、政治からの「逃避」という私文化耽溺に分裂していた。だが、今日では、松本清張以降、国、自治体の政治家、官僚・職員、また警察・検察・裁判をふくめて、今日ドコカで「進行中」であろう「政治・行政悪」がドラマとなって演出される。日頃はオヒトヨシの私たち市民に、社会ないし政治・行政における「悪」のスジガキについての見方をしめし、市民の洞察力・構想力の訓練となっていることを、たかく評価したい。

〈明治国家〉以来、政治抑圧を反映してきた日本の私たちにおける、〈私小説〉ないし《私文化》からの脱却、いわば《市民文化》への、もう一つの出発が、ようやく「政治・行政悪」とたたかう、テレビ・ドラマではじまっているといってよい。

テレビ・ドラマは、フィクションというかたちで、同調・画一型のタイクツな、日々の政治ニュースをはるかにこえて、日本の市民が政治・行政をサメタ目でみる思考訓練を日々おこなっているのだ。論点はいろいろあるが、ようやく日本のシナリオ作家が、市民として、社会ないし政治・行政の〈悪〉を〈見る目〉をもってきたのであろう。つまり、かつての〈国策物語〉や〈私小説〉、あるいは今日の画一・同調の政治ニュースにはない、新しい視角での市民型情報圏がここにある。映画でチャップリンが模型化した『独裁者』も、ヒトラー批判では、いかなるニュース、あるいは評論や「学」よりも、強烈な〈市民性〉をもっていた。

○月○日

〔59〕市民政治と自治の機会・経験

市民の成熟については、家庭や友人間での交遊や議論、社会での種々の交流やマサツ、あるいは各レベルの政府への市民活動ないし市民参加といった、日常の市民生活での《自己訓練》という、機会・経験の蓄積が土台となるというしかない。それゆえにこそ、個人が参加・発言する「機会」「経験」の多元・重層化という《分節民主政治》が、「品性・力量」の熟成、つまり市民の《自治訓練》から出発する、市民政治の基本要請となる。

原発の安全手続問題でも、日本ではいまだ立地自治体の長と国との合意、つまり〈儀式〉のみにとどまるが、ヨーロッパなどでは原発立地地域ごとに、市民個々人の参加はもちろん、国の政府からの政治・技術責任者も直接まじえて、具体性をもった検討をする市民会議がたえずひらかれる。もし、今日、日本でこのような会議がひらかれるならば、専門家市民もくわわって、各原発の再開をめぐり、電力会社ないし経済産業省・原子力安全保安院、また内閣府・原子力安全委員会のかつてのあり方が市民からきびしく問いなおされ、さらに市民主体という文脈で新設の環境省・原子力規制庁による、経産省・原子力安全保安院時代の全マニュアルの「全面見直し」とその公開からの出発が、各原発立地地域それぞれで、市民から提起されるだろう。

主権者市民を統治客体ないし教育対象とみなしつづけているのだが、今日では不要でムダな社会教育行政と、この市民活動とのチガイを、ここであらためて理解したい（本書〔67〕参照）。

○月○日

〔60〕行政立案から国会・議会立案へ

国会や自治体議会は《立法》を課題としている。だが、立法の立案は戦後も国では官僚、自治体では職員がおこない、議員自体は「党議拘束」によって投票をおこなう投票ロボットになっているという実状がある。議員は明治憲法三七条にでているかたちでの、「協賛」するのみという考え方が、国をはじめ自治体にも、今日根強くつづいている。

たしかに、「基本条例」の制定など議員みずから法を立案・制定する立法は、ようやくかぎられた事例としてはじまったものの、国レベル、自治体レベルいずれでも、日本では、いまだ未熟にとどまる。議員が〈立案〉するとは、国では各院での法制局また国会図書館の設置、あるいは議員政策秘書配置などのタテマエとしては保たれてはいるが、議員本人たちはつい最近までほとんど考えてもいなかったのである。ここでは、戦後、半世紀、時間がむなしくながれたのである。大学でも、講壇法学では市民誰もが「立法」自体に参加する可能性をもつとは考えていない。また、学者自身も立法経験がないため、《立法学》も理論化できず、拙著『政策型思考と政治』（一九九一年、東京大学出版会）による代替をのぞけば、カタチすらもいまだみえない。

私は、国会や自治体議会からの立法がすすめば、日本の政治は、もちろん法制も変わると考えている。それは次の理由による。

①議員間での調査や討議のなかで、政策・制度型思考の熟達にともなう立法へのとりくみがはじまり、官僚、職員への「口利き」にかわって、議員自体、本務での政治成熟がすすむ。

②官僚・職員がこれまで「統治の秘術」としてきた立法・行政をめぐる熟度ないし情報の独占が終って、官僚・職員の特権・権威感覚が崩壊する。

③条例、法律の条文の簡略化によって、今日の〈政策法〉つまり旧行政法における介入型の「規律密度」が整理されるだけでなく、また省庁縦割行政の総合化もすすむ。

④法制ついで行政は、市民の便宜のためのプラグマティックな市民の道具にすぎない、という

位置づけが確認され、時代の変化の早い今日、立法改革をたえずおしすすめうる。

代表機構である国会、自治体議会が、すべての立案ではないとしても、基幹の法制は国会、自治体議会がみずから立案することを、日本の市民常識＝政治文化としたい。

つまり、国会↓内閣という一元代表制の国会、長↓↑議会という二元代表制の自治体議会をめぐって、（1）憲法関連法、基本条例関連条例などの「基幹立法」また改正は国会、また自治体では長・議会での直接立案、（2）「緊急立法」また改正は内閣、長の立案、これに（3）個別のおおくの「政策立法」また改正についての考え方は国会、また長・議会がきめるが、省庁官僚・自治体職員の参画による立案もあってよい、というかたちにそれぞれを定型化したい。

官僚内閣制としての国のこれまでのように、官僚崇拝・議員軽視の「閣法・議員立法」という分類はヤメにすべきなのだ。このような（1）基幹立法、（2）緊急立法、（3）政策立法という新しい《用語法》が、新しい理論・制度をつくる。新しい政治には新しい言葉が必要ではないか。

これまで、国の省庁官僚が立案してきた、省益拡大をめざす官治・集権型現行法の規律密度はたかく、国法ないし行政を繁雑にするとともに、この繁雑な国法はかえって国法自体を形骸化してしまう。国会、自治体議会の立案による「立法」また改正がすすめば、従来の官僚立案の国法がいかに省庁タテ割規制からくるムダがあるかが、続々と露呈するだろう。

この〈国会立案〉、〈議会立案〉では、市民型専門家がくわわる公聴会などを、実質の議員審議のなかにくみいれ、議員審議そのものを市民参加型にすべきである。もちろん、急務の国会、議会の立法補助組織、あるいは事務局の再整備も、国会や各自治体がみずから工夫して、《立法》すればよい。

なお、立法にあたっては、基本ルールとして、持ちよった各素案での文字ヅラだけの妥協という、言葉アワセは決しておこなってはならないと、強調しておこう。のちにかならず運用・解釈のクイチガイをうむ。

だが、E君は、この市民型立法については、すでに達観している。理由は、議員における〈市民性〉の未熟がつづくかぎり、日本の再生はムリだからだと、ハッキリいう。

○月○日

〔61〕緑化にみる地域再生戦略

南極、北極の氷がとけはじめ、ヒマラヤの氷河もとけて氷河湖がふえ、これがいつナダレるかという事態となっている。あの鈍感なアメリカ政府も、ニューオーリンズを破壊したハリケーンの巨大化をみて、ようやく考え方を変えはじめたという。長期にみる地球の温暖化・寒冷化での理論対立もあるが、さしあたりCO2抑制の技術開発をふくめ、エネルギーの転換、熱帯雨林の維持が課題で、その基本は大地の再緑化となる。

森をでた人類の歴史は、「採取・狩猟型社会」から「農村型社会」、ついで「都市型社会」へと変ってきた。その間、人口増大にともなう農地拡大ついで都市拡大のため、地球規模での森林伐採・消失がすすむ。人間再生には、緑の再生による地球緑化が基本となる。緑は人間にとって、生命・生活、情感・思考の基本条件である。

この緑化は、空気の浄化、都市熱の抑制などによる地域生態系の再生はもちろん、都市での美しい景観づくり、さらに農村でも集落の再活性化に必要である。これに防災機能もくわわる。都市型社会では、都市自体はもちろん、都市化する農村をふくめた再緑化を起点に、地球規模での緑の再生が不可欠となっている。緑は、海とともに、ここでは、「自然」であると同時に、「社会資本」、つまり「生命・生活・安全装置」なのである。

今後、地球規模での人口の都市化はさらにすすむため、またその急速な高令化を前に、（1）都市の人々と農村の人々との交流による緑化についての相互理解、（2）国富の再配分による農民、農村、農業への支援が要請される。とくに、省庁縦割行政の日本ではたちおくれているのだが、EUにみられるような生態系と景観、農業、家計との同時保全をめざした、農民・農村・農業を一体とする政策づくりには、自治体による横串が不可欠となる。

一九七〇年代以来、日本独自の自治体長期・総合計画づくりの熟度が先駆自治体には蓄積されているのであるから、〈自治体計画〉による、さらなるこの横串の再推進をすすめたい。

いまだ鉄とセメントが文明の「進歩と発展」と考えられていた一九七一年、私は第一回の武蔵野市長期・総合計画での第一課題に、「緑のネットワークづくり」をかかげたことを、今も誇りに思っている。しかも、この緑の課題は、高齢化にともなう人口減少もあって、ついには廃虚となっていく都市・農村の蘇生という未来のなかで、今後たえずひろがっていく。

もちろん、緑化には、都市・農村を問わず、あるいは国土全体また地球規模においても、その造出、管理にはカネと技術と知恵が必要のため、〈市民行政〉というべきボランティアないしNPO、NGOの活動が、そこでのバネとなる。緑とは、この意味で、私たちの生活ないし情感・思

〔61〕

考また活動の座標軸として、たえず時代の課題となる（本書〔32〕参照）。

そのとき、緑は〈工業化・民主化〉を推力とする《現代都市づくり》の基調を構成することになる。とくに新都市づくりははじめから緑をくみこみうるとしても、日本での大都市の既成市街では、今回の東日本大震災であらためてはっきりしたのだが、緑化と高層化は同時進行とならざるをえない。この緊張は、ル・コルビュジェがニューヨークの高層ビルはまだ小さいといった理由でもある。

私は、日本ではじめて市民・都市・建築、さらに緑を包括した《現代都市政策論》を一九七一年、岩波新書の『都市政策を考える』でまとめた。のちに社長となる新書編集部の、当時は若き大塚信一さんからお誘いをうけたからである。当時、「鉄とセメント」をかかげていた建築・土木系の俊英たちも、おどろいてよく読んでくれたようで、版を重ねた。この本では、社会理論としてはじめてだったのだが、《市民参加》を基軸に自治・分権理論の構築をめざすとともに、公共空間における緑と都市のネットを構想していた。これらの考え方が、一九七二年、私も編者となった『岩波講座・現代都市政策』全一二巻の原型となる。

私の考え方の基調は、《現代都市》はたんなる物理空間構造ではなく、都市・農村をふくめて《都市型社会》（そのころは「工業社会」という言葉をつかっていた）での「生活様式」であり、この都市型社会は「シビル・ミニマム」（社会保障＝生存権、社会資本＝共用権、社会保健＝環境権）の空間システム化という構成をもつと位置づけていた。

これまで、日本では〈市民活動〉を主体におく、自治・分権型の《現代都市政策》という発想自体がなかったのだが、その後、今日では、すでに常識となった。この考え方は、市民活動、ついで基礎自治体としての市町村を生活・政治の起点におき、県、ついで国はその補完となるという考え方のため、その後のEUや国連などさまざまな自治体・都市憲章を先どりしている。

明治以来の官治・集権型理論は、一九六〇年前後、日本ではじまる市民活動を、当時、無視・拒否していたが、ようやくこの自治・分権型理論の出発によって、その後〈二〇〇〇年分権改革〉となる。そのとき、緑はこの都市型社会における市民の活力ないし発想の基軸となっている。

○月○日

〔62〕政策史、政策理論、政策策定

政策史の研究は、いわば「予測と調整」をめぐる《失敗の研究》として、不可欠である。明治国家の形成期には、将来の日本について多様な選択がありえたのだが、明治憲法制定というかたちで、伊藤博文、ついで山縣有朋などの設計した明治国家は失敗作品だったことを、その後、日

〔62〕

本のアジア大陸への侵出、第二次大戦への突入・敗北、くわえて二〇〇〇年代の官僚組織におけるその劣化・崩壊の理由を検討するとき、あらためて理解せざるをえない。政策研究には政策史の研究が不可欠と強調したい。原発のフクシマ問題でもその政策史の検討は、当然の課題となる。

政策史の研究がなければ、政策研究は「ビジョン」の構想・実現という「坂の上の雲」スタイルの幻想におちいってしまう。しかも、この政策史の研究では、たえず、それぞれの個別・具体の政策について、過去の政策選択をめぐる政治責任をきびしく問うことになる。日本の戦後史における、公害、薬害から大学教育、都市づくり、さらに官治・集権型の経済計画・国土計画をふくめ、それらの失敗という選択責任を、くりかえし、くりかえし、問うべきだろう。「歴史の審判」とは、これをいう。

政策研究では、研究者みずから、政策策定の《経験》をもつことが基本となる。日本の政策研究が未熟なのは、一九六〇年代の市民活動の出発によって、はじめて、理論家たちが市民としての政策策定の経験をもちうるような、歴史条件がはじまったにすぎないことからくる。その後、一九八〇年代から私もおしすすめたのだが、二〇〇〇年代では、現場のさまざまな実務でそだった人々が逆に理論家になり、コンサルタントや大学の教職にもつくようになった。画期といってよい。

日本では、明治国家でかたちづくられ、戦後もつづいた「機関委任事務」方式を解体する〈二〇〇〇年分権改革〉まで、一九六〇年代から市民活動が政策・制度づくりの主導権をとりはじめたにもかかわらず、法制上は戦前の明治国家とおなじく、自治体の長・議員、また職員の役割は、省庁官僚が立案した「国法の執行」にとどまっていた。

このため、国の法制を前にして、自治体は「独自政策」をつくってはイケナイという前提をもっていた。政策・制度づくりは省庁官僚が、国法というかたちで独占していたのである。このとき、自治体は市町村、県をふくめて、省庁官僚に従属・下請する「機関」、つまり手足にすぎなかった。これが「二〇〇〇年分権改革」までの「機関委任事務」方式の考え方の〈秘密〉であった。

今後、多元・重層型の自治・分権社会をつくるという課題にとりくむには、市町村、県それぞれで、国法をこえる《政策・制度づくり》という、政治の基本から出発し、先駆自治体の〈条例〉による「国法改革」の加速が不可欠となる。

だが、二〇〇〇年代の今日も、官治・集権の思考習慣がつづくため、市町村、県ともに、国法をこえる政策・制度ないし条例づくりには「思考停止」となりがちである。今日、自治体のこの実態をみるとき、とりかえしのつかない、「国家の犯罪」ともいうべき〈大失敗〉を、明治国家からの日本の官僚組織、ついで憲法学・行政学はおかしてしまったといわなければならない。

日本の市民も、〈立法〉の官僚独占のため、これまで、政策策定・実現の政治・行政ないし政策・制度型思考を、みずからの「経験」としてひろく蓄積できなかったのである。経験ついで理論の蓄積が、ようやく市民活動の出発とともに、はじまったばかりなのは以上の理由による。この論点については、拙著『政策型思考と政治』（一九九一年、東京大学出版会）にまとめておいた。

政策・制度づくりの水準上昇には、経験・理論の蓄積という意味で、市民の政治参加・政治成熟のチャンスをさまざまなかたちでつくる、市町村・県、国、国際機構をふくめた、〈多元・重層〉の《分節政治》の造出が緊急というべきであろう。

○月○日

〔63〕政治学は《社会工学》に変わる

政治学では、古代のアリストテレスの『政治学』（岩波文庫の邦訳あり）が基本の大古典となっている。だが、一六、一七世紀ヨーロッパから出発する近代国家の成立を背景に、第一次世界大戦ごろまでは、周知のように政治学は「国家の学」とみなされてきた。

この近代国家の成立以前は、地中海古代都市、ヨーロッパ中世自治都市などをのぞいて、いわば政治学はほぼ「帝王学」であった。それゆえ、歴史も主に帝国の興亡というような叙述形態を

〔63〕

とっていた。この帝王学については、独協大学の柴田平三郎さんのお仕事を注目したい。

第一次世界大戦で「国家の学」としての政治学は激変する。ロシア、ドイツ、オーストリアなど、ヨーロッパ大陸での革命の激発、ついで経済ないし団体・企業の国際化、さらには国際連盟の成立もあって、「国家観念」のユレがはじまり、イギリス、アメリカでは国家主権観念自体を批判する「多元政治理論」の成立もみる。ここから、政治学は「国家観念」からきりはなされ、「政治的なもの」の検討が独自の課題になっていくことになる。

だが、第二次大戦、ついで冷戦の激動のなかで、あらためて国家観念の位置がたかまるとともに、他方での民族独立による新興国の輩出もあって、超大国・新興国をとわず国家観念が再生する。しかし、時代は水面下ではすでに変っていたのである。

冷戦の終りとともに、あらためて政治の座標軸は変わり、本書五二頁の図1にみたように、地球規模で、旧来の「国家」をこえて、①市民活動、②団体・企業、また③自治体、④国、⑤国際機構というかたちで、政治は五層化する。そのとき、かつての国家は③④⑤というかたちでの「政府の三分化」となる。「国家論」はこうして破綻・死滅していく。

冷戦が終る一九八五年には、『EU地方自治憲章』の制定がまずその始りとなるのだが、政府としての〈自治体〉は国の政府から自立し、また国境をこえる国際連合をはじめ一〇〇前後の国際

〔63〕

専門機構をふくむ〈国際機構〉の課題増大とあいまって、地域規模への深化・地球規模への拡大というかたちで、政治学の転換がはじまる。つまり、政治の〈分権化・国際化〉による、前述の「政府の三分化」の時代にはいったのである。

政治学再構成という私の課題は、以上の背景をもっていた。しかも、今日では、政治学はもはや「国家の学」ではなく、①市民活動からはじまるため、「市民の学」に転換することとなる。そこでは、国家、主権、統治、また支配、権力というような、かつて政治学の中枢概念は崩壊して、国家は自治体、国、国際機構に三分化し、それぞれが政治課題の異なる〈政府〉となる。そのうえ、この三層の政府もそれぞれ、市民から「信託」された権限・財源を、自治体基本条例、憲法、国連憲章という三層の「基本法」にもとづいて行使するにとどまることになる。この基本法によって、市民から〈信託〉された政府の権限・財源の行使が、個人からみて〈権力〉にみえるにすぎなくなったのである（拙著『現代政治の基礎理論』一九九五年、東京大学出版会参照）。

B君とは、この政治をめぐる歴史経過についての考え方を、私は共有している。だが、B君は政治の可能性よりも、市民文化活動の可能性がおおきいという。私も旧著『市民文化は可能か』、『社会教育の終焉』とともに、市民文化活動の可能性を考えてきたが、B君とは異なって、政治はやはり三政府レベルそれぞれでの、政権交代をともなう政治決断、さらにはたえざる政府再構築の持続が基本となるとみている。

私の考え方では、政治は「国家統治」のシステムではなく、「市民自治」のシステムに転換する。政治は政府の権力発動ではなく、市民が策定した基本法としての基本条例、憲法、国連憲章にもとづいた、自治体、国、国際機構という三政府レベルへの、市民による権限・財源の「信託」からはじまる。政治はすでに国家統治ではなく、三政府レベルにおける《社会工学》としての「組織と制御」、「予測と調整」、「構想と選択」、つまり市民の社会工学技術となる。

この市民自治による《社会管理》には行政機構を不可欠とするが、この〈行政機構〉は、(1)市民自体、つまり複合する市民活動ないし世論、ついで(2)市民の代表としての政府、つまり長・議会によって、二重に組織・制御されるにすぎなくなる。つまり、行政機構は(1)(2)によるハサミウチのなかにおかれる。

くわえて、この政府は自治体(市町村・県)、国、国際機構(国連・国際専門機構)、したがって法も条例、法律、普遍条約に三分化する。この政府間の政治調整が、司法手続ついで立法改革をふくめて、たえず不可欠となる。

〔63〕

そのとき、農村型社会の原型である共同体・身分はそれぞれ崩壊しているため、都市型社会で不可欠となる《社会管理》は、各地域での〈市民自治〉によってまずになわれ、ついで市民だけでにないきれない課題領域については自治体、国、国際機構それぞれの「行政組織」も担当するが、直接責任はこの三政府レベルの政治がそれぞれの政府課題の範囲でもつ。つまり、三政府それぞれのレベルで、管理↓↑行政↓↑政治という社会工学循環が成立する。この都市型社会の《歴史・構造》論理を透視できないとき、旧来の〈国家統治〉に逆行してしまう。

B君は、政治は最高の決定者ではなく、最低限の社会管理をめぐる最後の実務決定者にすぎず、そこに神秘性はないという。賛成である。しかもB君は、政治としては、政府ではなく、市民の文化水準こそが本来の決定者だというのである。私も「市民文化」としての市民の〈政治成熟〉こそが基本と考えている。

だが、この考え方を極限化してB君は、政治はヨワイという。その通りだが、社会の組織・制御のためには三レベルの政府の決定が不可欠であるかぎり、市民による三政府それぞれの運用技術としての、政治ないし決定・決断は、たえず復活・再生することになるというべきだろう。「市民の起動力」こそが、つねに新しい「政治の始まり」となる（本書〔15〕参照）。

○月○日

〔64〕都市型社会のモロサと《自治・分権》

〔64〕

ほぼ一九八〇年代以降、日本は定着農業中心の農村型社会から、工業化・民主化の成熟を背景に《都市型社会》に移行してきた。農業人口は一〇％をきり、かつてムラ共同体にささえられてきた農業地区での生活にも都市化がすすむ。

日本での今日の政治・行政、経済・文化における政策・制度づくりには、東日本大震災での復興・再生をふくめ、まず、この都市型社会固有の分業深化からくる、市民個人の生活条件、ついで社会自体についての、存続条件のモロサ、つまり都市型社会の「構造的脆弱性」を基本においで考えなければならない。このモロサという、都市型社会における基本軸をまず自覚したい。

長い採取・狩猟型社会ののち、数千年以上つづく農村型社会は安定性のある「共同体・身分」を原型としてかたちづくられていた。この共同体・身分は災害、兵火などによって一時崩壊しても、また復活していった。

だが、都市型社会は、とくに日本では定期的にくりかえす大震災がくわわるのだが、今回のフクシマにおける広域放射能汚染、またいつでも崩壊する人口三千万人の巨大都市圏東京をはじめ多くの大都市圏の成立、さらに日本全国各地でたえず問題となっていく大停電つまり巨大ブラックアウト、これにともなうライフラインの崩壊という、モロイ精密機械さながらの社会構造のため、当然《危機管理》が政治・行政の基本課題となる。都市型社会の最低持続条件としては、旧

〔64〕

来の危機管理としての「治安・軍事」のほか、ここにみた新型の《危機管理》が都市型社会独自のカタチで要請される。

また、市民生活条件ないし社会・産業・文化の持続可能性をかたちづくり、市民負担も巨大化する、(1)社会保障、(2)社会資本、(3)社会保健をめぐる《シビル・ミニマム(生活権)》の「政策・制度」整備(憲法25条)が不可欠となるが、これらの人工の「政策・制度」もいつでも崩壊するという脆弱性をもつ。

今回、フクシマをふくむ大震災は、あらためて、以上の脆弱性という構造特性をもつ、都市型社会の《現代型危機》を全面化した。まず、この人工の脆弱性をもつ都市型社会では、〈危機管理〉を基調におくため、社会的・技術的な安全装置の「複数化」が緊急・不可欠となる。しかし、この「複数化」という基本思考すら、日本の政治家・官僚、また専門家・評論家、また記者たちのおおくには、理解できていなかった。くわえて、都市型社会が成熟する先進国では、その脆弱性ゆえに、戦争のできない社会・政治構造になったという理解も急務になる(拙著『都市型社会と防衛論争』二〇〇二年、公人の友社参照)。そのとき、国内・国際の経済パニックも考えておきたい。

この都市型社会という社会ないし国土の、モロイ精密機械化のなかで、原発がふえればふえるほど、その一つ一つがいわば〈営業する原子爆弾〉として国土にかかえこむという、緊張感が不

〔64〕

可欠であった。この緊張感の喪失が自民党政権の「大罪」なのだが、自民党政官業学複合のなかの〈原子力村〉による、「安全・安価」神話のかたちで長期に体制化されていた。

だが、今日では、都市型社会における市民生活ないし社会の《持続》には、とくに〈災害〉からの復興・再生では、巨大・広域・複合災害であればあるほど、地域特性をもつ〈シビル・ミニマム〉（生活権）の保障を基本にもち、政治・行政、経済・文化を、自立型の活性をもつ小単位からかたちづくられる、基礎自治体起点の《自治・分権》型に変えていくという、各地域それぞれでの膨大な市民活力が必要となることを、日本の私たち市民は覚悟したい。

それゆえ、今回の東日本大震災の「復興」には、日本の自治・分権型「再生」がくわわる。この《覚悟》がなければ、すでに私たちは自覚しはじめつつあるのだが、官僚中軸の官治・集権政治という中進国状態のまま、「日本没落」となっていく。

O君は、電気がつき水道がでるというような、私たちが日常生活について普通のことだと考えることが、実は人間の長い「歴史」のなかで、《都市型社会》の成立という、社会のおおきな「構造変動」からくるモロサだという理解を、中学・高校でしっかり指摘する必要があるという。この都市型社会の〈歴史・構造〉を、社会の「進歩・発展」とみるのはマチガイで、地球規模での「人類の宿命」とみて、その脆弱構造を「覚悟」すべきというのだ（本書〔9〕〔14〕〔77〕参照）。

○月○日

〔65〕占領・操作・同調政治と官僚再訓練

イギリスではとっくに一七世紀に終っていたのだが、〈君主神権論〉は日本では、二〇世紀のなかば、一九四五年の敗戦までつづいていた。このため、日本の「戦後民主主義」は、君主神権論をかかげていた後進国らしく、連合軍つまりGHQの占領にともなう、「占領デモクラシー」からの出発とならざるをえなかった。Y君は、占領後は冷戦もあって自民党・官僚内閣制長期政権によるマスコミへの「操作デモクラシー」がつづき、今日ではあたらしく、マスコミの〈風〉による「同調デモクラシー」となってきたという。

とくに、政治を〈実務〉としてではなく、〈観念〉としてとらえる小泉首相、安倍首相ら、つまりオールド・ライト系のギラギラ政治が「ポピュリズム」というかたちで、この「同調デモクラシー」を加速した。その「構造改革」「美しい日本」というお題目政治を想起しよう。

このポピュリズム（本書〔2〕参照）とは、マスコミが〈風〉をおこす現代デマゴーグ政治をいう。最近の日本では、マスコミは国レベルで騒がなければ、今度は知事、市町村長レベルで騒ぐが、ここまでくれば、ポピュリズムというより、デマゴーグ、つまり《思いつき政治屋》《ミセカケ政治家》カツギとみたい（本書〔25〕参照）。

〔65〕

Y君はこの最近の「同調デモクラシー」は、日本における世論の多元・重層性を画一化、さらには飽和化することによって、日本における市民活力の衰退をうみだしていくという。私は五〇才代の一九八七年以降、体力の低下もあってマスコミへの寄稿をやめたが、Y君のいうような論点で、時の政治あるいはマスコミを批判する人々が、あまりにも少ないことを残念に思う。

「政権交代」後、民主党政権はたえずブレルため、その評価にはつぎの政権交代まで時間をおくが、自民党政権は官僚たちの情報の集約・整理・公開について、法制とは別次元での、実質の訓練をしてこなかったため、情報の集約・整理・公開という現代政治の基本準則においてすら、民主党政権は官僚組織の再編また再訓練という大きな難題を、自民党長期政権が「しなかった」責任分まで加重されて、ひきうけざるをえない。しかも、官僚内閣制の持続・再生をのぞむ官僚の妨害にさらされながら、ひきうけることになる。ここが、「政権交代」後における、国レベルの政治の現実である（本書一〇一頁でみた官僚の情報公開にたいする、かつてのナマの考え方を想起）。

そこでは、民主党政権だけでなく、［1］「国権の最高機関」を《国会》がになうという、〈国会内閣制〉の政治責任を放棄してきた与野党の国会議員、つまり日本の政治家の「基本責任」と、［2］明治国家をひきついでいる〈官僚内閣制〉という政治現実の「解体責任」とのあいだの政治緊張が、あらためて問いなおされているのだ。

○月○日

〔66〕デマゴーグと政治の微分化・積分化

現代の都市型社会では、社会分業の深化によって、利害・意見が「多元・重層化」すると同時に、他方日本ではマスコミの寡占状態のため、情報の「画一・同調化」もたえずすすむ（本書〔55〕参照）。E君は、マス・デモクラシーの宿命ともいえるこの二重状況について、解決はできないが、問題点をたえず整理し、公開していくのが、現代民主政治の課題だという。

そのうえで、「万人にたいする一人の支配」というかたちでの、いわば「自然」な君主政治と異なり、民主政治は「万人にたいする万人の支配」というかたちで、〈市民型帝王学〉で訓練されていない、大口タタキの《擬似君主》を選出しがちのため、「無理」がかかっている政治制度とみなし、肝に命じて民主政治への楽観をやめるべきだと、E君は強調する。

事実、現代民主政治は、マスコミみずからの自制がないとき、この《擬似君主》をめぐって、〈現代全体政治〉の成立となっていく。そこには、マスコミによるデマゴーグへの歓呼すら内包されている。このポピュリズム型問題状況をヨーロッパでは、大衆の歓呼で、軍司令官からローマ皇帝の語源となったシーザーの名をとって、昔から「シーザー主義」ともよんで〈警戒〉している。

この民主政治がつつみこんでいる「無理」の解決として、この無理に橋渡しの意味をもつのが、

〔66〕

(1)市民の文化水準の上昇、(2)政治の多元・重層化、さらに(3)複数政党制によるたえざる政権交代、という市民文化の熟成だというのが、私の考え方である。とくに、これまで注目されなかった(2)が、今後、民主政治の難問をとくカギとなると考えている。

新エネルギーの開発も、エネルギーの節約とともに、市民一人一人の課題となる。発電・節電ともに技術革新を誘発しながら、市民一人一人の智慧・工夫からの、いわば「微分」化された出発となる。そのとき、とくに、新エネルギーの開発は、都市・農村をとわず、自宅でできるさまざまな太陽発電、また谷川の水力発電などからはじまる、微分型の市民の家庭発電から、各地の地域発電、自治体発電また大小各種の企業発電、の《多元・重層》構造が戦略性をもち、あらためて《市民パワー（市民電力）》としてスマート型に「積分」される。エネルギーをめぐっても、微分・積分の緊張をもつ、市民活動起点の多元・重層型民主政治の構築と《同型》となる。日本の東電など従来の電力国策企業は、「官僚統制型遺制」として終りとなる（本書〔53〕参照）。

このため、エネルギーでも、民主政治と《同型》に、あらためて、(2)「多元・重層」構造をめぐる市民の政治熟度が問われ、市民文化の熟成が課題となる。たしかに「万人の万人に対する支配」をめざした《近代》への構想は、《現代》では、図1（本書五二頁）にみるような、社会の多元・重層構造の造出という課題に変ってきた。政治から発電まで、(2)〈多元・重層構造〉からの出発が、《現代》における市民政治の可能性となる。

○月○日

〔67〕公民・館か、公・民館か

B君も「市民」という言葉をきらう人が多いというが、本書〔1〕でのべたように「人民」も死語になった日本では、〈人々〉というより方法がなくなっている。つまり、私たち普通人をさす言葉が日本にはないということだろう。とすれば、やはり、スキ・キライは別として、「市民」という言葉がのこる。だが、どうしても、市民と「行政区画」からくる町民・村民という語感のチガイがのこってしまうことは、認めざるをえない。だが、町民、村民も、今日ではすでに「市民活動」の主体になっている。

公民館の「公民」とは戦前の用語だが、「大正デモクラシー」にみあう、明治の「臣民」という言葉の変型だった。言葉の成立の政治的秘密を敏感に考える必要がある。拙著『社会教育の終焉』（一九八六年、筑摩書房、新版・二〇〇三年、公人の友社）でのべたのだが、戦前の内務官僚が戦後の内務省解体とみあって文部省にはいりこみ、公民つまり被治者としての臣民を、行政が「教育」するため〈公民館〉をつくったという話をする。「市民」という成人の主権者を、市民が税金でつくっている「行政」が教育するという官僚統治、つまり後進国型の倒錯・悲劇がそこにある。

〔67〕

B君は公民・館とみなせばその話はわかるが、公・民館とみれば局面は変るという。たしかに市民管理・市民運営ならば、公・民館である。市民の《相互性》が「公」だからである。冷暖房や警備の要員が必要な大型施設と異って、私たち市民はこの小型施設の市民管理・市民運営は直接できる。条例で市民による直接かつ独自の管理基準をつくれば、国のいう「指定管理者」制度も不必要となる。だが、戦前型の戦後官僚にとって、「社会教育行政」は公民・館でなければならなかったのである。

とすれば、公民館補助金でつくってしまった公民館では、この補助金への対処はのこるが、カンバンと中味を変え、また市民の緊急避難用にもそなえて、自治体条例による市民管理・市民運営、つまり職員一人もいない《地域市民センター》にすればよい。自治体の個人人件費は、国とおなじく退職金ツミタテなどなどをふくめて、一人に年ほぼ平均一〇〇〇万円はかかるのだから、社会教育行政、つまり市民にたいする不必要かつ不可能な〈教育〉をおこなおうとする公民館行政は、ムダの典型といいたい。各市町村で、全公民館職員数×一〇〇〇万円×設置年数で計算すれば、誰でもそのムダの大きさがわかる。

自治体が子育て、高齢者の健康、また緑化、危機管理など、市民むけの講座が〈政策〉として必要なとき、これは担当課がひらけばよい。そのとき、この市民講座では、市民から「わが自治体」の個別施策への批判が、今日では〈かならず〉でるのだが、担当課自体の開催のときは、ただちに政策・制度改革にいかすことができる。というより、この講座は自治体への《市民参加》方式として、各課が情報公開をかねてドシドシ開けばよい。

だが、社会教育行政が公民館でおこなうとき、市民からの「わが自治体」への批判は、社会教育課がききおくだけにとどまるか、社会教育課からは進行妨害とみなされる。このため、社会教育課はわが自治体の問題はとりあげず、市民、自治体職員いずれにも役立たない「一般教養」の講座となってしまう。しかも、講座による一般教養といえば、スイッチ一つで誰もがアクセスできる放送大学の水準上昇がある。

市民参加の自治体計画にもとづいて、武蔵野市では、大型文化会館はもちろん、また市民管理・運営による小型の地域市民センターはおおくつくったが、公民館を一館もつくっていない。主権者市民を「行政」が教育するという倒錯論理をもつ社会教育行政自体を廃止したのである。

そのとき、市民たちみずからが「吉祥寺村立市民雑学大学」を、一九七〇年にたちあげて、今日もつづく。この雑学大学は今日では、武蔵野市以外にも、タンポポの種のように日本のあちらこちらに、市民発で飛び火している。日曜日、月に一回、各地域では自治体の地域センターあるいは企業の会議室などをかりて、ツケモノづけの上手なオバアチャンから医者、建築家、市民活動家など、いろいろな市民が講師となる。市民は誰でも、それぞれの生活、職業での専門家だから、市民が講師となるのである。会場費タダ、講師料タダ、参加費タダの三タダ主義がその出発点だ。

○月○日

〔68〕世界政策基準と司法試験改革の失敗

地球が一つという実感は、ITなどにみるコミュニケイション技術の変化、また国際分業の深化による貿易拡大、これらにともなうかたちでの、観光をふくめ、個人の国境をこえた大量移動がはげしくなり、今日では地球規模での市民活動のひろがりもみられる。また、人権から地球環境という地球の普遍課題自体も、地球規模での市民活動を拡大・加速していく。

ナサケナイのは日本で、世界政策基準づくりないし国際標準化政策をめぐっての国際戦略すらもたず、また国際法務に熟達した法曹の養成という課題の自覚もない。法学者たちも、いまだに、閉鎖型縦割省庁の官僚による「一国主義」と同型で、実質は、国法に閉じこもったままなのだ。

日本の大企業経営者の閉鎖性・官僚性も同型で、世界進出していたはずの電器産業などでは「日

〔68〕

本一国主義」の製品発想がつづいた結果、東北大震災、タイ大洪水もあったとはいえ、二〇一二年、存亡の危機にたつことになる。つまり、世界各地についてのミクロの「地域戦略」、また世界をマクロにとらえる「世界戦略」、いずれももたないためである。結局、国内人口も少ないため、はじめから世界各地の「現場需用」に対応してきた韓国電器産業は、米欧をふくむ「世界市場」でも市場占有率をたかめていたのだ。

今日、世界は一つとなっている。現在のこの瞬間、地球規模で大量の航空機が飛び、また大量の船舶が往来し、またITが地球規模で連動している。これらの地球規模での諸活動は、各「国際専門機構」による「世界政策基準」ないしその法制化としての「普遍国際条約」によって、はじめて可能となっている。産業だけでなく、『国際人権規約』からはじまり、環境、医療、福祉から気象、災害支援、宇宙などまで、今日、国際標準ないし世界政策基準が不可欠である。そのとき、地球各地は地域個性をそれぞれもつため、当然この地域個性と、国際機構が策定する国際標準、世界政策規準との緊張をめぐる《予測と調整》能力を、各人、各団体・企業、また、自治体、国の各政府などが問われていく。

電器だけでなく、新エネルギー開発などの先端技術領域で日本が先発していた領域でも、今日では国際的にたちおくれていくなど、日本経済のあり方についての問題は多いと、S君はいう。この論点では、国の政府や団体・企業だけでなく、大学での教育内容にもそれなりの「革命」が不可欠で、この革命は当然すでに理科系でははげしくなっている。

一九八〇年代ごろまでは、大学の専門学部は、ほぼ明治以来固定していた。だが、文部省汚職を機として、順次、文部官僚の規制から自由になるにともない、文科系だけでみても、環境文化学科、社会デザイン学科、政策開発学科といったように、具体的にそのカリキュラムをみなければ、名称だけでは内容がわからないほどになってきた。今日では、学部別分類のワク組は「便宜」の問題としてたえず変わり、研究領域のワク組自体は、「専門領域」というよりも、アバウトに「問題領域」として考えられるだけ、とわりきる時代になっているのである。

このような研究再編の加速化という流れのなかで、一見、法学はリーガル・マインドともいわれる、その法学論理の特性によって、閉鎖・完結しているかのようにみえる。だが、この法学についても、日本であらためて、新しく、従来型の閉鎖性をつきやぶる衝撃力が次の理由ではたらくことになった。

第一が、裁判への裁判員制度の導入もあって、専門法域ごとにあまりにも特化している法学用語も日常用語への移行が不可欠となるとともに、弁護士、裁判官、検察官などの思考論理の閉鎖性について、その開放型市民化が日程にのぼる。この市民化には、市民からなる検察審査会によ

〔68〕

る強制起訴問題などもくわわる。

第二には、政府の三分化にともなう自治体法、普遍国際法の自立によって、今日いまだに国法中心にとどまる、日本の講壇法学・官僚法学の国家統治型思考から、条例、普遍条約、つまり法の〈分権化・国際化〉をふくむ市民自治型思考への転換も、国の省庁官僚の劣化とあいまって、不可欠となってきた。

第三には、専門法域の自立がおきるときは、医事裁判、特許裁判といったかたちで、各種専門裁判所の設置という、司法の再編も日程にのぼらざるをえなくなる。

今回の司法試験制度の改革が失敗におわったのは、とくに第二をめぐる《自治体法務》、《国際法務》といった法学の《新展開》が、みのがされたためである。国をめぐる分権化・国際化にともなう自治体法、国法、国際法への三分化とあいまって、それぞれの要員養成が急務となっている。にもかかわらず、司法試験改革はこの《新展開》を見失ってしまい、明治国家以来の国法中心にとどまったのである。これでは、弁護士浪人がふえるはずだが、逆に自治体法務・国際法務での法務要員の需用はたかい。知らぬは法学者ばかりナリケリなのだ。日本の法学者ないし法学が、いまだ「国法」中心の中進国状況にとどまっているためである。

そのうえ、今日、法学の教授たちが書いているような、誰も外から理解できない専門術語をチリバメルだけのような論文は、市民誰もが読まなくなる。この漢字での専門術語のスゴサでは、外国人受験者も多い、厚労省所管の介護福祉士関連の試験問題なのだが、私をふくめて日本人誰も術語の漢字そのものが、ヨメナイ、ワカラナイ事態となっている。アキレルのみである。

このような既成の理論、ついで大学、くわえて団体・企業、また省庁もふくめ、たえざるその市民型再編があってはじめて、地域生態から地球環境まで、あるいは地域個性をもつ生活課題から国際専門機構による世界標準づくりまでをふくめ、分権化・国際化にともなう新しい市民型発想による自治体法務・国際法務の新展開、これにともなう新専門職業の自立がすすむ。

○月○日

〔69〕携帯電話の国際競争と国際標準

携帯電話の国際競争力をみるとき、日本の技術水準はたかいものの、かつて失敗した腕時計とおなじく付加機能が多く、結局は高価となって、ガラパゴス化していくという。フィンランドのノキアや韓国のサムスンは、日本と異なり、国内市場の狭まさもあって、始めから地球規模での地域戦略＋世界戦略をかたちづくっていた。この話は、O君がまえから語っていた話である。地域戦略＋世界戦略なき、しかも「地域個性」「国際標準」という法務をめぐる発想と能力のない、イナカ者の日本型国内過当競争の帰結がここにある。

もちろん、この日本型技術開発がうまく誘導されれば、新可能性もうまれるだろう。だが、日本は、一億人という人口大陸のため、いつも国内の企業間競争に目がくらんで、国際標準化をふくむ、また地域個性化をおしすすめる、見識をもつ人材がいない。経済人にも、日本の政治家や官僚、あるいはマスコミと同型の「閉鎖国家」型発想がおおく、しかも今日では大企業の組織体質も企業幹部を中核に官僚型になっている。

そのうえ、前項〔68〕をくりかえすことになるが、技術の「地域個性化」「国際標準化」をめぐる自治体法務あるいは国際法務の人材蓄積もきわめて少ない。最近の司法試験改革の大失敗は、「自治体法務」の自立への無知のみならず、「国際法務」へのとりくみのタチオクレという、日本の〈法学〉の閉鎖性・官治性からきていると断じたい（拙稿「政策づくりとしての政策法務」『自治体法務NAVI』43号、二〇一一年二月一一日、第一法規参照）。この分権化・国際化というかたちでの法学改革を一九八〇年代から提起してきた私からみれば、もうオソイのである。

〇月〇日
〔70〕格差社会のとらえ方、考え方

〔70〕

「格差社会」という言葉が、格差拡大という二〇〇〇年代での日本の現実にみあって定着してきた。だが、問題は日本だけではなく、むしろ欧米先進国でこそきびしいようである。O君と、かつての「身分社会」、ついで「階級社会」、現在の「格差社会」という言葉について、きびしい議論となった。《歴史・構造》思考である。結局は「平等」はありえないのだろうか。

基本は工業化・民主化、つまり《近代化》にともなう、農村型社会の社会原型である「共同体・身分」の崩壊にあることで、まず一致する。マルクス、ついでその影響下にあったウェーバー、シュンペーターなど、ヨーロッパ一九・二〇世紀の構想力ゆたかな「知性」は、この工業化・民主化は人口の「プロレタリア化」、つまり私たち生活者の勤労者化をおしすすめるという歴史展望を設定していた。

今日、このプロレタリア化は地球規模ですすみ、とくに脱農にともなう〈都市人口〉の、スラム化をふくむ急膨張をみていることは周知である。この人口のプロレタリア化は、一九世紀ヨーロッパでは、さしあたり第一次の近代的「貧困化」としてあらわれていた。古典的「階級」問題がこれである。今日の格差問題は、先進国での第二次の現代的「貧困化」といってよいだろう。

この第一次貧困化は、二〇世紀に移るころ、(1)賃金上昇をはじめ労働条件の改善をめざしていた〈労働組合〉運動を活発にするとともに、さらには(2)自由・平等という「市民社会」をめざす

〔70〕

啓蒙理論の系譜からくる〈社会主義〉理論の浸透とみあって、ヨーロッパの先進国を中心に、「生存権」をかかげた『ワイマール憲法』にみられるような、またケインズ経済学にも裏づけされて、「富の再配分」による《一国福祉》をめざす「社会保障」での解決を期待した。この「一国福祉」による解決可能性には、また、大量生産方式の開発による「未熟練工」の「完全雇用」をめざした雇用拡大が、実質の推進力となっていたといってよい。

二〇世紀の後半、欧米日での都市型社会の成熟もあって、以上を反映しながら、この「社会保障」のみでなく、さらに基盤整備、環境対策をめぐる「社会資本」「社会保健」の公共整備をもくわえた、ナショナル・ミニマムの基準設定、さらに〈基本人権〉としてのシビル・ミニマムないし「生活権」の保障が包括して定位される。これらの考え方が、『日本国憲法』でも、日本が独自につけくわえた二五条となるが、また国連の『世界人権宣言』、『国際人権規約A・B』というかたちでの国際記念碑となる。

だが、二〇〇〇年前後になると、後発の中国、インド、ブラジルなど大陸国の工業化をはじめ、ひろく新興国の抬頭、また国境をこえる資本あるいはオイル・マネーなどの国際移動もあって、先進工業国での《一国福祉》を破壊し、「市場原理」による競争が地球規模で、あたらしく激化していく。

そこにおきたのは、①低賃金国への工場移転がうみだす先進国での失業率増大ないし国内市場の縮小、②低賃金国から先進国への安い商品の大量流入、これにともなう③先進国での「一国福祉」＝〈福祉国家〉の崩壊ないし非正規雇用・失業の拡大であった。この①②③は、いわば、世界経済の〈構造変動〉でもある。

以上が「格差」をひろげる背景だが、この格差をさらに各職業における「専門技能」の高度化が加速する。この職業専門技能の熟度上昇は、とくに《ＩＴ》普及に象徴される。このＩＴはひろく各産業のソフトとなり、第三次産業ないし情報産業だけでなく、従来型の工業、農林漁業にも導入される。このＩＴに未熟のとき、社会参加への不適応問題すら、ひきおこす。

これらの新しい条件変化が、二〇〇〇年前後からの新しい「階層格差」となるが、同時に当然、地域格差としてもあらわれる。そこには、人口のプロレタリア化から必然となる生活権＝シビル・ミニマムの公共整備をめぐる政策・制度の〈たえざる〉再設計が、日本のように国、自治体の政治家、官僚・職員、理論家・ジャーナリストなどの怠惰ないし無能によってタチオクレルとき、「新しい貧困」がするどくなり、(1)勤労意欲の喪失、(2)家族の崩壊すらおこるとともに、さらには(3)人口の高齢化もくわわり、医療・福祉問題も深刻化する。

結果として、社会からの脱落というかたちでの、人間としての誇りの喪失、さらには犯罪の増

〔70〕

殖をふくめ、《社会解体》の危機となる。都市型社会での人口のプロレタリア化は、「個人自立」の条件であるとともに、「個人孤立」の条件でもあったことが再確認される。くりかえすが、

（1）現代型職業熟度の未修による就業チャンスの縮少

（2）正規・安定ではない雇用流動ついで失業の増大

による、《格差》という名での〈社会〉からの個人脱落、さらには《社会解体》の危機がすすむ。

そのとき、あらためて、まずは国単位での富の再々配分はもちろん、とくに地域雇用力の拡大、具体的には地域産業の現場に対応しての、ＯＪＴ型つまり現場型の《職業訓練・紹介》が緊急課題となる。職業訓練・紹介も日本の従来型のような国の省庁縦割での全国画一方式ではなく、むしろ市町村、県、国それぞれのレベルにおける自由な創意での、地域経済・雇用の造出にむけて、地域個性をもつ政策・制度展開が必要となる。ここでも、自治体主導による、地域での政策・制度開発という、〈自治・分権〉方式が不可欠なのである（本書〔75〕参照）。

〇月〇日

〔71〕 東京圏で地震がおきたら

日本の防災体勢づくりは、東日本大震災で変わりはじめたとはいえ、これまでは他分野と同じく、官治・集権型官僚発想による机上の空論からなりたっていた。事実、各県、各市町村の防災計画には、国の中央防災会議による、『震災対策基本法』にもとづいた「防災基本計画」というマニュアルがある。防災についての考え方自体が官治・集権型であった。というよりも、国は自治体を無能と考えているのだ。

このため、各自治体の防災計画も、国のマニュアルにもとづく作文となり、迫力ないし現実感がない。つまり、大阪で部厚いだけの文章のラレツになってしまう。自治体によっては安易に外注するところもでてくる。

これまでの各自治体の『防災計画』は、このようにミセカケだけの行政作文にすぎないため、読むのもタイクツこのうえもない。長・議員、それに職員すらも読んでいない。自治体規模が大きくなれば、それが数冊にもなる。当然、市民にはくばられないため、市民は誰も読んでいない。これが、これまでの日本の防災行政ないし官僚行政の水準また現実であった。

日本の「秀才」官僚は、防災計画自体が「誰・何のタメ」ということすらわかっていないので

〔71〕

〔71〕

ある。もちろん、国は有識者の知恵をかりているのだが、フクシマに対処できなかった原子力安全委員会のように、どのような人をあつめるかによっては、役立たずの致命的失敗になる。

災害はそれぞれ地域特性をもち、全国画一の型をもたない。防災計画は、地域における地盤・地形の特性、福祉・医療・環境のシクミ、産業実態・自治体規模などの条件をもつため、《自治体計画》とおなじく、というよりその一環として、自治体主導の自治・分権型で作成すべきで、とくに〈土地カン〉があり、昔からの言伝えを知る現地の人々の参加が不可欠である。

たしかに、阪神・淡路大震災以前は、マップなどによる防災関連の情報公開すら、弱い地盤や、水没、崖崩れなどのおきやすい地域、また人口密集、狭い道路の地域などの人々からは、地価が下がるといって反発をうけていた。自治体も固定資産税が下がるとして、手をこまねいていた。だが、阪神・淡路大震災以降、地震ないし災害の頻発もあって、現在では、地域の市民間での情報共有、さらに「市民情報流」の自立が不可欠ということが理解されるようになっていく。

もし、人口三千万人、日本人口の4分の1が集住している巨大都市圏の東京で、今回クラスの大震災になれば、私がくりかえしのべているように、《都市型社会》固有のモロサ(本書〔14〕参照)による〈市民生活〉の全面崩壊、したがって大パニックとなる。

このとき、私たち個人の自己責任による身辺危険対処がまず基本だが、10日前後は都・県、区・

〔71〕

市町村の政治・行政はもちろん、国の政治中枢である国会、内閣、また直接、危機管理を担当する防衛省、警察庁、消防庁、海上保安庁、また新設される原子力規制庁をはじめ諸省庁の中枢も、責任者・職員が登庁できず、また庁舎の焼失・倒壊をふくめて、一時ストップする。

当然、水道、電気、ガス、交通、通信などのライフ・ライン、また医療・福祉なども崩壊する。とくに、東電など日本の電力会社のナマケで、電柱撤去の簡易方式を開発しないため、いまだに多く残っている電柱もたおれ、高速道路・高架鉄道の落下、ビルの倒壊もくわわって、幹線をふくめ地域の道路では自動車は不通、人々も歩けなくなる。とくに、電気では巨大ブラック・アウトとなり、ヒト、モノの移動や、ITの利用も実質不可能とみたい。

湾岸では林立するタンクは液状化もあって破壊するため東京湾、さらに時間によっては店屋・家屋が密集する山の手線、中央線など鉄道沿線、また各繁華街から、炎の海と化す。当然、新旧の埋立地や0メートル地帯については、津波、液状化、あるいは地盤沈下の想定も不可欠である。

都市型社会の巨大都市では、〈市民生活〉はもちろん、「医療・福祉」また「産業・金融」さらには「政治・行政」も、このとき、崩壊する。

東京巨大都市圏の震災について考えるとき、さらに留意すべきは、次の論点である。

（1）発災時間。阪神・淡路大震災は都市が動きだす前の早朝だったため、朝食や営業準備の火

〔71〕

ダネもすくなく、また満員の高架電車がまだ動かず、高速道路の自動車も少なかった。ついで通勤・通学時間以前で、ビルの看板落下、窓ガラス破壊などによる死傷者も少なくすんだ。

（2）火災旋風。巨大都市で火がでるとき、関東大震災や戦時空襲にみるように、高温・竜巻状の巨大焚火となって、火災旋風による火柱がたつとともに、有毒ガスも発生し、さらに旋風の底は酸欠になっていく。また、次々と建った高層ビルと、この火災旋風との関連はいまだ「未知」だと、とくに強調しておきたい。

（3）帰宅難民。巨大都市でのその理解ははじまったが、帰宅者は通りをふさぐ障害物の増大もあって道路にあふれ、救急車、消防車、さらには非常用物資運搬車も動かなくなる。そのとき、日本では容易におこらないという想定がつよまっているが、キッカケがおこれば「略奪」もはじまる。

（4）救急物資。まず、自治体による大型食糧品店、あるいは井戸所有者などとの事前協議・計画は当然不可欠である。ついで、自治体職員は救急物資の倉庫がドコドコにあるというが、そのカギは誰がもつのかときくと自治体職員だという。これでは倉庫がいつまでもあかないため、「略奪」の対象になることを理解していない。各倉庫の周辺市民グループにカギと分配の委託をし、日頃の訓練が必要である。行政はそのとき崩壊しており、「市民行政」が自立するのである。スイスなどは法制化しているが、当然、家庭の備蓄が基本となる。

（5）人命救助。機動性があっても、自衛隊、消防隊、医療隊などの出動・到着には時間がかかるため、震災直後は、出火がないとき、倒壊の下敷によるケガ、また寒さによる低体温化もおこり、その応急救助は地域の市民による《原始自治》によることになる。そのとき、地域では、ノコギリ、ジャッキなど日常用具こそが役に立つし、応急炊飯も不可欠となる。

だが、巨大都市での問題はそれだけではない。

（a）**市民管理**　電気の広域ブラックアウトもおこり、市民間、市民・行政間の交信・連絡も不可能となる。また高層ビル難民もおおくでる。とすれば、日頃の《日常交流》を背景とする、多様な「地域市民」間での〈原始自治〉が基本となり、緊急避難所などの管理には地域に定住している、「行政肩書き」のない〈市民活動家〉の登場となる。従来の「行政下請」型地域住民組織である「町内会・地区会」は、幹部の高齢化によって親戚、知人宅にむかうケースもみられるため、組織としても崩壊する。このため、自治体や国の既成「町内会・地区会」依存という、戦前型地域組織の考え方は、戦中でも現地では役だたずだったが、今日の危機時にはさらに作動しない。

（b）**巨大難民**　最後に大問題がのこる。巨大都市東京圏の各地が焼け野原になったとき、最悪の場合、東京圏で最大三〇〇〇万人近くの総難民化がはじまって、食糧などをもとめて東京圏脱出がはじまる。避難の流れは分散するとはいえ、道路・交通の混雑はもちろん、またこれだけの

〔71〕

巨大人口をうけいれる余地は東京周辺にない。日がたつにつれて結局、さまざまの難民地区が「略奪」の巷となる事態を想定しておく「べき」である。

これまで、日本の政治・行政における防災関連の発想・計画は、あまりにも官治・集権型の机上の空論で、実際には役立たないことを想起しよう。それに、今回は「トモダチ作戦」によるアメリカ軍の強力な支援があったが、内外からの支援との協働について、地域での窓口設定、そのための計画、ついで市民また職員の訓練も不可欠である。

東京では、職員の通勤距離がながいため、くりかえすが、国の省庁行政、また市区町村行政、都県行政も一〇日前後は崩壊する。防災計画は、最近ようやく「発災」時を考慮しはじめたが、まず各政府レベルでの〈行政の崩壊〉を《基軸》に考えなければならない。

以上の覚悟・自覚が最大の防災なのである。オカミダノミ、つまり今回の東日本大震災でも、東京のマスコミ論調は、国の政府はオソイ、ハヤクというかたちで、またまたナサケナイのだが、国家崇拝・官僚依存の心性をひろげていった。だが、現地では、《原始自治》としての市民自治、さらに市民相互支援からの出発が起点となる。もちろん、この市民自治は基本のため当然である。これをマスコミは「美談」にしてはいけない。

くわえて、団体・企業も、災害時についての備蓄・訓練、ことに原発、また危険物を扱う工場・

〔71〕

商店などにおける「危機マニュアル」の〈たえざる〉見直しが不可欠である。国の防災基準にあっているから大丈夫というのはマチガイで、国の防災基準は将来の災害についての、所管官僚がつくった、現場性を欠く、一つの予測・仮説にすぎないではないか。そのとき、〈科学〉的根拠という言葉も幻想にすぎない。

それゆえ、市民活動、団体・企業、さらに自治体（市町村、県）は、国の防災基準ないし国際基準をこえて、シビル・ミニマムとして、みずから地域独自の安全基準を、対「市民責任」をふくめて、たえず独自に策定・改定していきたい。それに、技術・手法・考え方も日々たえず変わるではないか。

官僚のつくった抜け穴のおおい国基準のみでカタチだけをつけ、政官業学の「原子力村」のナレアイでオゴルという体質をもつ東京電力の失敗は、ここにあった。それぞれ特性をもつ各現場を知らない官僚がつくった、放射能基準をふくむ国の省庁基準を、〈現場〉の特性をふまえて、市民活動、団体・企業、また自治体が、市民型専門家とともに、相互協力してたえず再検討し、独自の市民基準、団体・企業基準、自治体基準それぞれをみずから策定し、みずからを訓練して、みずからの危機管理の熟度をたかめるべきなのである。これを《自治》という。

私が国基準にたいして、一九七〇年代以来、市民基準、あるいは自治体基準を別に策定すべきだと提起してきたのだが、地域特性をもつシビル・ミニマムという考え方がこれであった。ナショナル・ミニマムとして、省庁縦割でつくる国基準ないし国法に「あって」いればよいという考え方は、「行政とは国法の執行」だと明治国家以来、今日もつづいている〈国家統治〉型の官僚法学、講壇法学の呪縛にすぎない。この後進国型の「国家（官僚）呪縛」から、私たちはみずからを解放し、地域個性をもつ市民基準をつくって、個々の市民が当事者として自立しうるよう活動する、《市民自治》からの出発としたい（本書〔77〕参照）。

○月○日

〔72〕危機管理にみる予測と調整

政策づくりは「予測と調整」という計画論理をもつ。予測とは長期・マクロでの〈構造変動〉の次元、調整とは個別施策の実現をめぐる意見・利害集約による〈合意〉の次元である。

たしかに、急患受入れをめぐって患者のタライマワシにみられるように、地域医療計画の未熟が、農村、都市を問わず、日本で問われている。まず、そこには、医師不足が深刻である。それぞれに独自の問題があるのだが、産婦人科、小児科、外科あるいはマスイ科などがとくに深刻といわれる。、国際比較統計をみれば、日本における医師数の人口比、また医療費のＧＤＰ比でも、評価はむずかしいが、先進国間で最低レベルにある。また、かつて改悪されたのだが、医師増員・配置計画も先進各国比で最低レベルという。

理由は命をあずかる厚生労働省官僚の、それこそ官僚型の医療費抑制にある。だが、さらには、国全体の予算配分構造がいわば中進国型で、これまで〈建設事業〉での巨額のムダヅカイがおおく、さらに省庁間の縦割ナワバリ、財務省主計官の無能をあげるべきだろう。たしかに悪徳医師もみられるのだが、基本は、行政ついで医療の当事者たちの間で、「予測と調整」という政策・制度づくりの論理がはたらいていないところにある。

だが、道路では、この医療とは逆に、政治圧力による交通予測のミズマシすらおこなわれて、巨額のムダづかいを重ねたことは周知となっている。とすれば、予算編成を内閣府にうつし、かつ市民型専門家の補充によって、オゴリの財務省主計局の解体が急務となる。くわえて、無責任にも日本を財政破綻においこんだ、半世紀以上にわたる自民党長期政権の歴代内閣責任も、あらためて整理して、私たち市民が考えなおす必要もある。

事実、そこには、国、自治体の政治家、官僚・職員の全体をとおした、［1］「予測と調整」をめぐる《政策・制度型思考》の欠落・未熟、ついで官僚・職員の［2］〈情報の集約・整理・公開〉の低水準がある。くわえて、官僚法学・講壇法学にみる、全国画一、省庁縦割、時代錯誤の現行

〔72〕

国法による《法治》をのりこえる考え方が、今日の〈日本再構築〉には不可欠である（本書〔77〕参照）。

二〇〇〇年代にはいって、ＧＤＰの二倍以上という巨額の借金が、日々、時々刻々、今日もふえつづけている。毎年の予算規模の二分の一が国債つまり借金というのが、二〇一〇年代の日本の、アワレナ政治現実である。

たしかに海外資産は円高もあり日本企業の外国進出によりふえつつあるが、日本国債の格付けはすでに破産かといわれているスペインなみとなってしまっている。日本企業の内外資産と日本国政府の超絶借金とは、問題の次元は異なっているのだ。海外日本企業はゆたかで、国は財務破綻で滅ぶこともありうる。この日本の財務破綻状況については、戦後の自民党政官業学複合のなかで、旧大蔵省、現財務省が特大の責任をもつ。

冷戦名残りの政党対立をあおる幼稚化した政治家、それをえらんだ市民たちにも、もちろん「日本破綻」には責任がある。だが、何よりも国の連結財務諸表・指数すらつくれず、日々数字が動くとしてもこれにたいする工夫もなく、国の総借金・総資産、またいわゆるカクシ「埋蔵金」についての数字としての情報の整理・公開をしていない、旧大蔵省、現財務省が、直接、特大の責任をもつ。だが、二〇〇〇年代にはいって、財政再建のため不可欠となった、省庁外郭団体の整理

〔72〕

問題をみても、財務省は率先遂行して範をしめすべきだが逆で、財務省にはその覚悟すらない。逃げをきめこむ。これでは、《日本再構築》は不可能ではないか。

O君の議論はここで白熱する。これまで、政治・行政は「国法の執行」と考えてきた官僚たちは、既存の国法自体が全国画一、省庁縦割、時代錯誤という事態がはっきりした今日、今からでも、官僚法学・講壇法学のクビキを突破して、〈予測・調整〉をめぐる《政策・制度型思考》、とくに日本の財政破綻・経済沈没という〈危機管理〉をめぐって、あらためて思考転換すべきなのだ。

医療では、くわえて、場当り発想のため、病院間のネットワーク、さらに救急システムとの連携が、国の省庁間だけでなく、とくに県の職員における《自治体計画》策定能力の欠如とあいまって、タチオクレはいちじるしい。その典型としては、先進国間における日本のヘリコプター救急のタチオクレもある。

とくに、今日緊急なのは、すでに設置している先駆自治体もあるが、副知事、副市町村長クラスで熟度のある《危機管理監》を、縦割思考を排除するためにも、市民から直接採用の少数スタッフとともに、各自治体が自治体の独自判断で設置し、危機管理についての自治体地域連合、また自治体全国連合をつくり、独自交流をすすめることである。大震災だけでなく、ここでみている

〔73〕

救急医療をはじめ、人命救助、防疫、放射能、また防犯・防火、さらに関連する人材編成、機器整備、広報活動をふくむ脱縦割の機動力を、市町村、県それぞれの「自治体危機管理条例」の独自制定とあいまって推進したい。このとき、国の危機管理準則は国の課題領域にかぎり、市町村、県むけの準則を国がつくると、かえって地域・自治体からの自由な危機管理はできなくなる。

日本は最長寿国になって、《シビル・ミニマム》の公共整備が一見成功したようにみえた。だが、結局、自民党長期政権における官僚内閣制という官僚主導もあって、政治家自体の官邸政治実務訓練が時代の要請に即応できていなかった。このため、官邸要員には、長期の「再予測」、個別の「再調整」の訓練もできていない。O君は二〇〇〇年代の日本は、《国会内閣制》の確立にむけて国会・官邸における〈政治家〉の実務訓練が急務という。つまり、官僚内閣制の終りの時代なのだ。

○月○日

〔73〕 政治リアリズムと議員たち

テレビでは、国会議員がワイワイ騒ぐ番組が、一時花盛りであった。お笑いタレントなどがワイワイするなかで、おなじくワイワイ騒ぐ出席の国会議員は政策・制度づくりないし国法の立法に考えがおよばないどころか、現実の政治・行政課題についての見識すらもなく、アヤフヤ発言でいかに政治家として無責任かを、問わずかたりに、画面でしめしてアイキョウをふりまいていた。しかも、テレビにでれる国会議員は中堅以上だという。とすれば、オモシロイだけですまされない。

日本の政治現実を政治家たちからつつきだして「正義の味方」になっているのは、若いお笑いタレントや、オトボケ司会たちである。彼らは、それなりの市民常識を起点に、「市民代表」の役割をになっていく。だが、国会議員本来の課題である〈立法改革〉については、これらの「市民代表」も想定はせず、また国会議員自体も立法責任の自覚すらもっていない。とすれば、お笑いとして終らせる番組自体のあり方も、あらためて問うべきであった。日本の立法をめぐっては、官僚まかせでよいと考えている、学校・大学教育、またとくにマスコミの責任もあるのだ。

自治体の政治家も同型だが、日本の国の政治家も、明治憲法型の官僚統治という考え方のため、立法による〈問題解決〉という、みずからの基本責任を考えてもいない。このためもあって、国レベルでは、法案を「立案」した官僚がまたまた自己都合による解釈、つまり「通達」、二〇〇〇年分権改革後は「通知」というかたちで、「法の支配」を空洞化していく。

日本では、省庁官僚組織は立案と解釈の二刀流をつかっているのである。これでは、今日の国

〔73〕

〔73〕 会立法とは、明治憲法とおなじく、たんなる「法登録」にすぎないことになる。政治家はオシャベリだけにとどまり、調査・立法の実務能力をもたない。〈官僚内閣制〉たるゆえんである。

大学の講壇法学では官僚法学中心に法解釈のみを教え、市民が立法をめざしていく《立法学》は成立すらせず、省庁官僚による立案、また「有権?」解釈の独占はつづく。これでは、法学者は省庁官僚の下僕ではないか。私が日本を中進国という理由である（本書〔60〕参照）。

《代表機構》としての国会、自治体議会の議員は、立法、その前提となる調査という責任についても、今日、いまだ実質は、その「自覚」すらもない。政策・制度論争も立法につながらなければ、たんなるオシャベリにすぎないのだが、日本の議員には〈立法者〉という考え方自体がないのだ。調査もせいぜい、内外の「視察旅行」という名の観光どまりとなる。このため、議員たちは国会、自治体議会いずれも同型で、「政治決定」をめぐって議場で時折オオサワギをするものの、「政治決定」を本務につなげる《立法》では、党議拘束による投票ロボットにすぎなくなる。

《立法改革》という政治の中核を基幹課題とする国会、自治体議会いずれもが、それぞれの行政機構の付属組織になりさがりつづけているのである。これでは、日本の法制は、一日、一日、時代オクレとなるとともに、官僚・職員たち、ついで政治家たちをふくめた、既得権のカタマリとなるだけではないか。また、法律学者のみならず、政治学者における、《立法》への無知も確認しておこう。

私たち市民は、以上のように、時には政治家を冷たく見る《政治リアリズム》に徹し、その目をもつべきではないか。市民政治はこの政治リアリズムからの出発である。

○月○日

〔74〕旧「三権分立」論と『日本国憲法』

戦後日本の政治中核だった自民党政官業学複合のムダヅカイによる、日本の財政破綻という緊急事態をめぐって、その改革焦点でもある多様かつ大量の省庁地方支分局、またおなじく多様かつ大量の外郭組織の整理・改廃が緊急課題となっている。だが、たとえ日本崩壊となっても、官僚が自己増殖をめざした地方支分局・外郭組織を、総務省、財務省をはじめ、今日の省庁官僚たちは「死守」するようである。

これでは、明治にはじまる日本の近代化をそれなりにおしすすめたといわれる日本の官僚たちは、〈亡国〉というかたちでの「終焉」状況をむかえていると批判されてもやむをえないだろう。そこには、このような官僚を供給しつづけた、旧帝国大学系の国立大学、とくに法学部の失敗をみなければならない。O君とこの議論はつづく。

〔74〕

省庁の地方支分局・外郭組織の再編・廃止をふくむ政治・行政の再構築には、省庁官僚の抵抗はつづく。そこには、各省政務三役（大臣、副大臣、政務官）などをふくむ政治家の不見識からくるのだが、官僚によるトリコミ、また官房副長官をはじめ官邸官僚の介入、さらには歴代内閣総理自体の逃げ腰・無気力という、日本型政治風景のなかで、ながい自民党政権は〈官僚内閣制〉のシクミを助長したのだが、これを批判して「政権交代」した民主党政権でも、その改革はほとんどすすまない。

そこにあるのは、与野党をとわず「政治家」の未熟・幼稚化をさらす〈政治風景〉で、さらに「官僚」の劣化がくわわる。くりかえすが、国が破産状況にあるにもかかわらず、その改革はすすまないのはなぜか。とくに、省庁官僚が死守し、政治家たちが「口利き」で寄生している公金ムダづかいのシクミの改革は急務で、公務員の減給・減員とともに、この改革ができなければ、消費税の大増税もまたムダづかいをふくらませるだけに終わり、「日本沈没」となる。

また、ＧＤＰの二〇〇％をこえるという、ケタチガイで世界トップの超絶大借金の総量を、ＥＵ基準のＧＤＰ六〇％台まではへらさなければ、デフレにはいって以降「〇％」近くの低利率がギリシヤ、スペインなみの高利率にもしあがるとき、複利方式で一挙にこの大借金がまたまた急膨張する。この事態がいつおきるかが、日本へのきびしい問となっている。

〔74〕

図3　国家主権と国民主権の対立模型

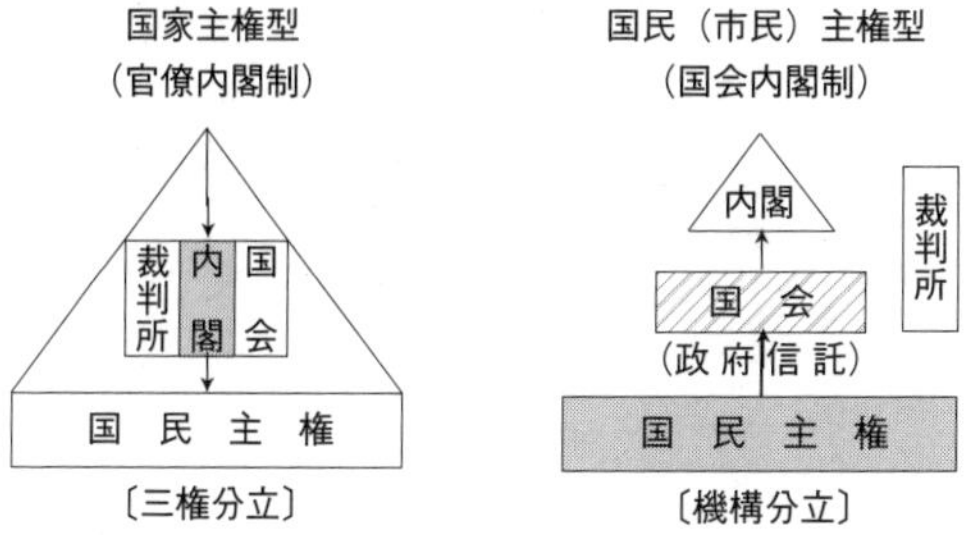

この間、経済理論家たちも、「日本沈没」をいかにくいとめるかという処方箋もかけない思考のモロサを、今日では露呈して、中味のないカケ声として「成長政策をとれ」と論ずるだけで、その中味はナイ。さらに、政治評論家、ジャーナリスト、あるいは政治学者、行政学者、また憲法学者、行政法学者、ついで財政学者、会計学者も、この日本の崩壊状況への理論対決がいまだにできない。今日あるように明日もあると考えているのだろう。これを《市民》としての怠惰、ついで無責任という。

この二〇〇〇年代の問題状況については、決定的に一歩ふみこんで、実質「行政・立法・司法」というかたちをとる《旧》三権分立論をみなおさなければ、解決できない。**図3**左側に図示した、日本の旧「三権分立」論は、私が〈官僚内閣制〉と名づけたのだが、明治国家以来の官僚・行政中核の理論であった。この官僚内閣制から**図3**右側の〈国会内閣制〉への転換が、今日の日本における政府・行政改革の中核論点となる。

〔74〕

たしかに戦後、官僚ないし行政機構は経済高成長にともなう財源拡大を背景に、財源バラマキを集票装置とする自民党との政官業学複合の中枢をになっていた。なかでも、官僚は特別会計ないし外郭組織をみずからの「天下り」をめざして独自に肥大させ、今日では「埋蔵金」といわれるカクシ金すらためこんでいる。官僚たちは「旧軍」とおなじく、国会を素通りする公金の抜道を、戦後またまた肥大させていたのである。

以上の背景には、図3左側にみるように、『日本国憲法』の国民主権を形骸化し、明治憲法からつづいて、〈国家主権〉をかざす《官僚内閣制》型旧「三権分立」論がある。図3右側の〈国民主権〉から出発する『日本国憲法』が想定している《国会内閣制》型「機構分立」論とは異質ではないか。「国会内閣制」型機構分立は国会→内閣（官僚）＋〔司法〕となっているが、〈国家主権〉を官僚・行政がになう「官僚内閣制」型旧「三権分立」は、官僚（内閣）→国会＋〔司法〕なのである。論理は逆転状態である。行政職、司法職などの「国家試験」もこの明治憲法型理論を答案にかかなければ、つまり現行の『日本国憲法』にもとづく答案を書けば、二〇〇〇年代の今日もオチルのである。これが日本の官僚組織の今日にみる、基本現実である（本書〔31〕参照）。

この《官僚内閣制》をかたちづくる旧「三権分立」の文脈では、大臣は「国務大臣」ではなく、実質、省庁を〈分担管理〉する明治憲法系譜の「省庁大臣」にすぎず、省庁官僚の走狗となる。こ

〔74〕

れまでの戦後半世紀余、自民党内閣段階の大臣は、省内の大臣室に閉じこめられて日々をおくり、省議にすら出席できない大臣もいた。これが「官僚内閣制」という自民党内閣の構造であった。民主党内閣が、官僚の逆襲によってだんだん後退するものの、その初期、〈政官関係〉の逆転をめざして、まず〈政治主導〉をかかげて次官会議を廃止した理由はここにあった。だが、《国会内閣制》への移行という全党合意がないため、また与野党をふくむ国会議員の合意もないため、省庁・官邸官僚の抵抗、自民党からの政局オイコミもあって、民主党内閣はずるずる後退する。

とすれば、まず、今日の明治国家型省庁官僚組織について、「国権の最高機関」である国会は、以上の政治現実についての「情報公開」を断行し、またマスコミ記者や政治評論家を「再教育」するとともに、立法府として重要な基幹改革法案の「国会立案」（本書〔60〕参照）をみずからおしすすめるという、新出発になるはずである。

ついで、「国務大臣」が「閣議」での討議による政治決定をおこなうという覚悟と熟度が、国会内閣制ではまず基本となる。たしかに、民主党は早速、法制にもない「次官会議」を廃止した。だが、政権経験がはじめてのためもあって政治未熟のまま、「政治主導」という民主党の一枚看板にたいしては、明治憲法発想の官僚たちは抵抗を順次強めていく。

くりかえすが、〈政治主導〉をかかげた民主党政権のもとでも、与野党ともに、政治家ないし国

〔74〕
会議員の多数の考え方は、いまだに戦前型旧「三権分立」論がつづくという惨状にあることを確認したい。国会議員のおおくは、『日本国憲法』四一条の「国権の最高機関」という国会の位置すら認識せず、この国会の位置を講壇法学の教科書どおり「政治的美称」とみなしている（拙著『国会内閣制の基礎理論・松下圭一法学論集』二〇〇九年、岩波書店参照）。

「国権の最高機関」としての国会は、「基幹立法」はみずから〈国会立案〉でおこなうという、《国会内閣制》の基本課題を国会議員自体が見失い、日々のマスコミにみるような、官僚内閣制における国会ゴッコに、国会議員はいまだにとどまるのである。しかも、マスコミ自体も、長年の「自民党ボケ」のなかで、国会内閣制の不可避性を考えてもいない。このため、「国会立案」にとりくめない衆参両院の法制局はイツモヒマで、昔は国会議員の孫の夏休みの宿題をやっていたという、ホントウの話がつたわっている。

ここから、政治決定ないし政治調査・立法改革にとりくんでいない政治家つまり〈陣笠〉議員は、国だけでなく、県、市町村の議員も同型だが、官僚ないし職員にたいして、大政党は大政党なりに、小政党は小政党なりに、「口利き」政治家に堕してきた。政治家本来の課題である、「自由討議」を起点とする調査・立法の政治熟度をたかめるには、まだまだ時間がかかる。

国、自治体をふくめて、与野党の「議員」が本来の課題である立法すら主導できないという、中進国状況に日本はある。この政治未熟は、自民党などのいう《憲法改正》以前の大問題で、憲法改正論議どころではない。日常の「国会立案」という《実務》ができないからこそ、「憲法改正」というかたちで、とくに自民党は今日も政治の〈観念化〉をはかっている(本書〔76〕参照)。

ようやく、二〇〇〇年代にはいって、自民党政権の官僚内閣制型実態が知られはじめて、ついに《政権交代》となった。民主党政権にはあらためて、「政治主導」というその存在意義が、以上の戦後政治史のなかで問われていることになる。今日の民主党政権には、自民党とオマエモオナジカという、日本の市民たちの声が聞こえているはずではないか。

〔75〕

○月○日

〔75〕格差社会を再論する

二一世紀にはいっての《格差問題》は本書〔70〕でもみたが、今日の工業化における新しい段階での新しい事態である。二〇〇〇年前後から、(1)地球規模でのＩＴ技術革新の進行、また(2)後発国での急速な工業化による安価製品の大量生産・輸出によって、先進国では一国閉鎖性をもつ「完全雇用」＋「福祉国家」は崩壊するにいたる。

先進国では、ＩＴの登場にともなう第三次産業革命ともいうべき、たえざるその技術革新による産業再編のなかで、これに適応できない人々が生活権・労働権をも喪失しながら階層沈下するとともに、後進国からの低賃金による安い商品の流入増大もあって、地球規模での産業構造の大変動が急進する。一国福祉をめざした戦後先進国の〈社会理論〉の破綻だと、思想史につよいY君はいう。

この、二〇〇〇年前後、日本でも、生活権・労働権のあらたな制度再編を早急におこなうべきだったのだが、政治家、官僚の怠慢、というよりも予測・調整能力の欠如、これに「労働貴族」としての公務員・大企業労働組合における既得権保守もくわわって、スピードのある政策・制度改革ができず、デフレのなか経済界の強い圧力をうけた当時の自民党内閣はいわば後向き改革で私たち市民間の《格差》を拡大してしまったというべきだろう。

日本では、［a］国民統一番号制の策定、［b］①最低賃金、②生活保護、③基礎年金などの統一運用、さらには［c］正規労働条件の多様化推進が、省庁間ないし省庁内の縦割行政、とくに政治家ならびに労働組合幹部の予測・調整能力ナシという実状によってできないため、日本なりに加速されたかたちで、今日の格差拡大をひきおこしてしまった。

そこには、サービス業、工業、農業などをふくめ、各職業でのＩＴ専門水準への要請もたかくなっていくなかで、各職業の現実に適応できにくい人々が大量に職を失うことになった。このため、職業訓練・紹介の再編・改革もあらためて課題となる。いわば、プロレタリア化した私たち市民の内部に、あらたに「職業適応格差」がひろがってきたのである。

第一次貧困格差をひきおこした第一次産業革命では機械破壊のラッダイド運動がおきたが、二〇世紀前半、フォードに典型をみる第二次産業革命としての大量生産方式は未熟練労働者の「完全雇用」を可能にし、ここから「一国福祉」をめざしていく。だが、今日のＩＴによる第三次産業革命はこの「一国福祉」を解体し、先進国での未熟練労働者の雇用条件を「第二次貧困格差」として悪化させてしまった。

Ｙ君は、くわえて、日本はまだ第三次産業ないし行政の生産性の低い中進国なのだが、基本は、国際法務の熟度をたかめて、世界規模での競争ルールづくりにくわわるとともに、自治体主導による地域現地でのＯＪＴ型つまり「現場型」の職業訓練・紹介が不可欠となったという。

従来の国主導の職業訓練・紹介だけでは現地性がなく、したがって無責任だときめつける。さしあたり、本書〔70〕でみたように、農業をふくむ地域産業開発に対応できる、幅広い職種での地域雇用拡大をふくめて、地域特性をもつ職業訓練・紹介からの出発が緊急とならざるをえない。もちろん、職業紹介は、問題が地域不均等展開にあるので、市町村、県、国の三層にする必要があることは、当然である。とくに、市町村、県による関連独自条例の策定がまたれる。

〔75〕

〔75〕

この今日的問題の解決には、これまで一国単位できずいた雇用・福祉保障方式を、貿易循環拡大、また富の国際再配分との関連で、国際規模でもとりくんでいく方式をめざすという、たしかに時間のかかるムツカシイ議論にならざるをえない。とくに、世界で「最初」に日本が直面しているのだが、人口比率における若年層の減少、高齢層の増大というかたちで、さらにこの論点がきびしくなっている。

世界をみまわしても、経済学者をはじめ誰も解答をもっていない。経済系の評論家は、ここで「成長政策をトレ」というが、日本の大企業幹部は、官僚主導による長期の自民党政官業学癒着のなかで官僚化してしまったため、創意あふるる、人材育成、また製品・市場の開拓への構想力をとっくに失っているのがその実状である。

格差問題をめぐっては、《応急処置》は緊急・不可欠だが、解決にはまだ時間がかかる。今日の私たちは、このキビシサからの出発はまた《地域》からの出発でもある。

○月○日

〔76〕国会内閣制と《憲法運用改革》

今日の都市型社会では、政治の課題、行政の技術、政策・制度の発想をめぐる、変化のスピードがはやくなっている。このため、国ないし自治体（市町村、県）の政治家、官僚・職員、あるいは政治・行政自体がこの変化に追いつけないだけではない。

さらには、社会分業の深化もあって、ひろく市民の文化・情報・専門水準が政治家、官僚・職員の水準を超えてきたため、市民の批判・参画能力がたかまってきた。その結果、明治以来、つい最近まで、私たち市民にごまかせた争点について、順次、もうゴマカシができなくなって、逆に政治家、官僚・職員の低水準が公開・露呈していく。

だが、他方、日本における政治の考え方が《現状微調整型》となるのは、政治家、また理論家、ジャーナリストにおける構想力の貧困はもちろん、官僚主導の現状維持、視野固定、権限・財源固守を中軸におくことからもくる。いわば、現在の既得権肥大のため、ただ、この現状を政治家、とくに官僚は変えたくないだけとなっている。ここから、政治家の未熟からくる《決められない政治》の持続となり、日本の市民は政治家たちにアキレ、デマゴーグ待望すらすすむ。

今日のところ、〈政治決定〉あるいは政府・行政改革をめざす「政治主導」をめぐって、国の官

〔76〕

邸、内閣府を制度として強化しても、日本におけるその現実は、この官邸・内閣府に省庁縦割官僚が流れこんで占拠し、自分たちが育った〈自民党史観〉、つまり官僚内閣制型発想による雑音までながして、政治家を撹乱するという、悪循環をつくりだす。

〈非立憲〉型の「次官会議」を廃止し、閣議の政治決定性をたかめるという「政治主導」に一歩ふみだした民主党内閣も、ここでその初心がまず挫折する。一日にして改革はならないという政治の宿命について、野党時代、「雑軍」の民主党はオヒトヨシもくわわって、「政治中枢」つまり〈政権〉としての心構えないし人材訓練の準備を怠っていたというべきだろう。

日本の国レベルの政府・行政改革には、本書〔74〕にみたように、《憲法理論》の考え方の転換から出発しなおすべき、と私は若き日から考えてきた。すでに、二〇〇〇年代にはいって、一九五〇年代以来の憲法九条改正を中心争点とし、冷戦が拍車をかけた、〈護憲・改憲〉という旧来の政治対立は実質消滅して、最近、憲法改正は現実の政治争点にのぼらなくなっていた。

その理由には、憲法制定以来、七〇年近くの年月のなかで、戦前の明治憲法派は老齢となって少数化するという、世代交代がおおきい。また、改正派の自民党からみれば、自衛隊が日本の経済力にみあう規模での防衛省・自衛隊が成立するとともに、天皇制も象徴天皇制、つまり私のいう〈大衆天皇制〉として定着したからである。旧革新派からみても、あらたな「政策・制度改革」

〔76〕

が急務の〈格差構造〉（本書〔70〕・〔75〕参照）がひろがってきたとはいえ、経済成長の結果の賃金・福祉水準、さらには市民活動の自由が日本なりに成果をもち、「階級闘争論」は終っている。

だが、問題はなおつづく。『日本国憲法』の改憲が立党理由でもある自民党は、フクシマ問題、政府財務破綻問題、とくに官治・集権の〈官僚内閣制〉の持続のため、日本の市民の信を失っているにもかかわらず、二〇一二年四月、戦前型オールド・ライト系譜での独自の〈美学〉にもとづいて『自民党憲法改正草案』をだしている。自民党長期政権に責任があるのだが、現実の解決すべき、前述の日本の緊急政治課題に責任感すらなく、日本の〈特殊性〉を強調し、〈憲法改正〉の名で政治を《観念化》するのが、自民党オールド・ライトのイキガイなのである。

ところが、二〇〇〇年代では、私たち市民における憲法についての考え方の変化もすすむ。というのは、『日本国憲法』は《普遍市民政治原理》にもとづいているとみとめるとき、日本の〈特殊性〉を基調におく憲法条文全体の改正は是か非か、という争点は消失してしまうからである。事実、かつての改憲・護憲を軸とした、保守・革新の対立はすでに国会でも終わっている。

ここから、『日本国憲法』については、時代の変化ないし政治状況の移行にそくして、どのようにその《運用》を変えながら、時代の課題に対応していくか、という問に変ってくる。

従来の、「憲法解釈」と異なる、この《憲法運用》では、新しく次の三形態が登場することになる。

〔76〕

(1) 整憲　憲法条文はそのままにし、国会法、内閣法、裁判所法、国家行政組織法、公務員法、自衛隊法、緊急事態法など、とくに自治体法を中軸において、《憲法関連法》の整備・充実による憲法運用の整備。

この《憲法関連法》は、省庁縦割での政策領域の確保・固定をめざす、教育基本法、農業基本法などなど、縦割の《省庁基本法》つまり「省庁政策法」と区別すべきである。

《二〇〇〇年分権改革》は、憲法関連法である『地方自治法』の根本改正によって、日本の政治における官治・集権型から自治・分権型へという〈憲法運用改正〉(本書〔37〕参照)に、決定的第一歩ふみだしたことを、まず、ここで、確認しておこう。

［補論　私は、独善による完璧化・精密化をめざして、憲法に「過剰負担」をかけるような憲法全文改正という、自民党改憲派の立論は、いつまでも完成しない幻想とみなしている。社会・政治課題の変化、また考え方の多様化のはげしい都市型社会では、もはや憲法は〈不磨の大典〉ではありえない。もちろん、後述の修憲・加憲もあってもよいが、それよりも前述の《憲法関連法》の充実・整備、つまり国民合意によるたえざる〈整憲〉という「柔らかい」憲法運用、いわば憲法構造をめぐる日常改革のつみあげを考えたい。憲法の祖国イギリスでは、憲法関連法のみで、「成文憲法」自体をもっていないではないか。「完璧・精密」な成文憲法をつくるという自民党の考え方は、「正しい憲法があれば正しい日本の政治ができる」という、幼い、

かつ書生型の考え方とみたい。しかも、もし新しい憲法が策定されたそのとき、その新しい憲法はまたまた不満・批判のカタマリになってしまうのが、〈現代政治〉である。

もちろん、『日本国憲法』には、「大臣」、「地方公共団体」「請願」、「官吏」というような、二〇〇〇年代ではふさわしくない制定時の官僚用語もあり、時間とともにふえていくとしても、現在おこなわれているように、日常の運用・解釈のなかで今日的用語によみかえていくことになる。〕

(2) 修憲　憲法条文の一部改正による運用改正。

(3) 加憲　憲法条文の一部追加による運用改正。

つまり、今日、国レベルの基本法である憲法をめぐっては、すでに終わった、かつての「護憲・改憲」という教条対立をのりこえて、『日本国憲法』本体はそのままにしながら、(1)(2)(3)のくみあわせによる《憲法運用改正》を、たえざる国民合意によっておしすすめるという考え方となる。その背景としては、日本における都市型社会の成熟にともなう、『日本国憲法』の定着、ついでその憲法原理については「普遍市民政治原理」ないし《世界共通文化》としての確認をみたい。

〔77〕

○月○日

〔77〕「シビル・ミニマム」の考え方

〔77〕

日本にはおかしな考え方があるとE君はいう。つまり私人と公共の区別である。「私人は公共のために…」という考え方がそこにある。かつては「国家」のためだったのが、国家観念が二〇〇〇年代の今日では崩壊してしまったため、これにかわって最近では「公共」という言葉があらためて登場する。そこには、かつての「国家対個人」（本書〔20〕参照）をひきつぐ「公共対私人」という考え方が、いまだに日本ではつづく。

この「公共」という考え方については、E君は古代地中海都市の「共和国」と、中世にひろくみられる農村の「共同体」とを合体させたルソーの「一般意志」、これを拡大したヘーゲルの「国家」という考え方が原型をなすという。明治にできた、このドイツ思想系譜の「国家」という考え方が、二〇〇〇年代の今日では「公共」という言葉に変って、日本でつづいていると、E君はみているのだ。もちろん、国家という言葉自体は、中国文化圏であった日本では、古代以来「国をになう王家」という意味でつかわれ、江戸時代の藩についてももちいられていた。

なぜ、日本で、個人は私人にすぎないと考えられているのだろうか。最近でも、「公・共・私」というオカシナ官僚発想の言葉がつかわれている。だが、都市型社会の今日、「個人」こそが《市民社会》という「公共」を構成しているのである。そのとき、市町村、県の自治体、ついで国、また国際機構それぞれは、「公」ではない。これらは、この個人が〈基本法〉、つまり自治体の基

〔77〕

いかなる〈政府〉も、本条例、国の憲法、国連の憲章にもとづいて構築する、市民の「道具」、いわばマシーン（機構）である〈政府〉にとどまる。福沢諭吉も「政府は便・不便にて改廃すべし」と言っているではないか。

今日では、政府が公共なのではなく、公共とは「個人の相互性」である。個人が「公人」つまり《市民》なのである。主権者《市民》個人は「私人」ではない。それゆえ、各レベルの政府は、市民がつくる「基本法」によって構成され、また選挙・納税とあいまって、「信託」された政府の責任が、政治・行政での「作為」「不作為」のなかで、たえず問われることになる。くわしくは、拙著『転型期日本の政治と文化』（二〇〇五年、岩波書店）第1、2章に述べた。

しかも、マチガイなのだが、日本の政治文脈では、この公共（＝政府）と私人（＝個人）の間をとりもつのが、政治家・政党の役割とみなされてきた。日本では、私人ないし団体・企業のモノトリ利害を、各レベルの政府・行政機構にとりつぐ「口利き」が、政治家・政党の本務だと、今日も彼らが思いこむほどの低水準だと、E君は嘆く。

だが、政党はこの《公共》としての市民間の利害・意見をいくつかの大ワクに整理する枠組・媒体である。つまり、市民が《公共》をかたちづくるとき、その意見・利害の整理・調整の枠組づくりが、複数政党制の課題領域となる。この党派としての枠組間、すなわち政党間の論争・合

〔77〕

意、とくに多数党の主導責任も問われながら、政府としての政策・制度の決定があって、はじめて、公共の〈内実〉が決定される。つまり、市民による政府の政策・制度改革というかたちで、市民が《公共》をたえず〈構築〉するのである。

自治体、国、国際機構の各政府レベルで、基本法手続による〈政策・制度〉の具体策定がなければ、公共は空虚であり、公共は仮説にとどまる。公共は日本でこれまで政府ないし官僚が独占してきたが、問題は逆で、政府ないし官僚組織は、公共つまり市民のための道具・手段である。《公共》は市民個人が「相互」に、自治体議会ないし国会、あるいは国連総会のレベルで、政策・制度決定、つまり《立法》というカタチで〈構築〉するのである。そのとき、個人は《市民》たらざるをえない。

というのは、《都市型社会》での個人は、数千年つづいた農村型社会におけるムラ共同体での相互扶助が崩壊しているため、治安・軍事から災害・防疫・原発などをふくむ〈危機管理〉を中核におくとともに、ついで（1）社会保障、（2）社会資本、（3）社会保健（放射能をふくむ）をめぐる〈シビル・ミニマム〉＝生活権の公共整備（憲法二五条）をたえずおしすすめなければ生きられない。もちろん、政府はつねに最低条件、つまりミニマムの「公共保障」しかできない。ミニマム以上は「個人責任」による自由選択となる。この［Ⅰ］危機管理、ついで［Ⅱ］シビル・ミニマムの公共整備への参加をめぐり、私たち個人は「私人」ではなく、「市民」となる。

このシビル・ミニマムの公共整備をめぐっては、すでに高齢社会にはいったため年金、医療などの市民福祉（社会保障）、また修復・改築が加速する市民施設・都市装置（社会資本）、あるいはCO2、放射線から老朽・放置廃屋までの地域環境（社会保健）をめぐる国民負担が拡大することを、今日の私たちは覚悟しなければならない。私たちには「市民」ないし〈公共〉として、たえず各レベルの政府を組織・制御していくという課題が、今後ますます拡大する。

この市民はまた、都市型社会が大衆社会でもあるため、「個人」として、相互に誰も知らない〈実存〉という、「自立」かつ「孤立」した人間でもある。「砂のごとき」また「故郷喪失」といわれる「孤独な大衆」が私たちである。都市型社会は大衆社会でもあるため、個人は、〈市民〉としての「自治」を基本とするにもかかわらず、また「孤独」でもある。事実、安全・安心ネットとしての［Ⅱ］《シビル・ミニマム》の公共整備、また［Ⅰ］《危機管理》による安全保障がなければ、個人は市民社会からの脱落となる。

とすれば、個人は（1）自由に市民活動をかたちづくることによって、さらに（2）この市民は「危機管理」、ついで「シビル・ミニマムの公共整備」をになう政府を構築することによって、（3）自治・共和型の《市民文化》を熟成して、たえずみずから再生する。都市型社会としての現代の市民社会ないし民主政治は、この（1）（2）（3）をめぐる市民活動の多元・重層性をもつ「複合」となる。ここで、市民活動としてのassociationには、societyつまり市民社会という言葉が入っていることに注目しておこう。また、最近、日本でも「ソーシャル」という言葉がよくつかわれるのも、この文脈からきている。

今日、自立した①市民活動は、②団体・企業とともにアソシエイションとして、地域規模から地球規模までのひろがりをもち、多元・重層型に展開している。このため、政府も個人市民を基点において、③自治体（基礎自治体＝市町村＋広域自治体＝県）、④国、⑤国際機構（国際連合＋各種の国際専門機構）、法も③自治体条例（シビル・ミニマム）、④国法（ナショナル・ミニマム）、⑤普遍国際法（グローバル・ミニマム）に三分化することになる（本書図1・五二頁参照）。

ここであらためて、フクシマをめぐる国の原発安全基準を想起しよう。安全基準としては、国あるいは国際原子力機構が国基準、国際基準をつくってきたが、また関連自治体は、市町村、県それぞれ、地域市民の安全基準をシビル・ミニマム＝自治体基準として、市民参加の手続、ついで市民型専門家もまじえて独自に策定し、電力会社、また国との協議にはいるべきだったのである。日本の自治体は、行政とは「国法の執行」という官僚法学・講壇法学に〈呪縛〉されているため、国の「安全神話」に安易に「従属」したのである。フクシマ後は、本書〔53〕〔59〕にみたように、地域の市民、ついで市町村、県こそが、それぞれシビル・ミニマムとしての安全基準をみずから〈独自〉に策定して、電力会社、ついで国との合意・協定という、多元・重層型での安全基準の策定・合意が急務となる。

もし、このシビル・ミニマム＝生活権が、この③④⑤三レベルの政府が策定する、この三層の法基準間の対立・緊張のなかで公共整備されないとき、放射能汚染をふくめシビル・ミニマム＝生活権の崩壊、したがって格差構造もおきていく。そのとき、これらの個別・具体の生活課題ないし危機管理をめぐって、各レベルの政府にむけて、《市民活動》がたえず出発する。

日本が都市型社会に移行する過渡の一九六〇年代から一九七〇年にかけて、シビル・ミニマムの公共整備をめざして、私の世代などから新しく市民活動が出発したのだが（「自治体計画」としてのシビル・ミニマム計画の誕生については、拙編『自治体改革＊歴史と対話』④革新自治体と現代都市政策・二〇一〇年、法政大学出版局参照）、今後も多元・重層という構造特性をもつ市民活動が政治の起動力としてつづく。しかし、E君たちの世代は〈永久革命〉という特性をもつこの市民活動の経験とその熟度の蓄積のなかで、あらためて、市民として《成熟・洗練》していくのだろう。

自治体、国、国際機構という三政府には、市民がそれぞれの〈基本法〉によって政府課題、さらにその権限・財源を付与・剥奪ないし信託するが、そのとき、これらの政府は、市民みずからが社会の組織と制御、予測と調整、構想と選択にとりくむための、市民機構として構築される。

○月○日

〔78〕「没落と焦燥」か、「成熟と洗練」か

一六、一七世紀、《近代》を特性づける「国家」が成立しはじめたのだが、当時はスペイン、ポルトガル、オランダ、一八、一九世紀ではイギリス、フランス、ロシア、ついで一九世紀後半、後発だったドイツ、日本、また二〇世紀ではアメリカ、ソ連が、いずれも〈帝国〉として進出した。だが、それぞれ帝国はやがてそれぞれに没落した。二一世紀の今日ではこの「帝国モデル」は終って、スイス、オランダや北欧などの先進「小国モデル」が《成熟と洗練》をめざす《自治・分権》社会〉をかたちづくっていく。

アメリカ、ロシア、あるいは中国、インドなど大陸国は今日のところ、この帝国・小国両モデルの間で、そのモデルとしての選択の緊張をしいられているといってよいだろう。もちろん、私は大国の小国への解体をいっているのではなく、自治・分権型の小国の論理を大国の《自治・分権》型再編にいかせるのではないか、といっているのである。

日本も明治以前は江戸時代の藩群立による、いわばここでいう「小国モデル」の典型だったの

だが、明治以来「帝国モデル」を追求し、挫折した。みずからを「大日本帝国」と称し、天皇についても一時外国むけには「皇帝」とよんでいたのである。二一世紀の今日になっても、日本はいまだに自治・分権の市民社会にも移行しえず、官治・集権の明治国家型中進国状況にとどまったまま、没落するのではないかという岐路にたつ。

事実、日本は「政権交代」もできない中進国だったが、戦後半世紀余りたって、ようやく二〇〇九年、《政権交代》となった。だが、世界で最先端の高齢化ないし人口減による市民負担増大をひかえ、あらたに（1）東日本大震災、とくにフクシマ問題がくわわるだけでなく、（2）これまで自民党長期政権がつみあげた政府借金は、EU基準のGDP〇・六倍にさげればよいとしても、GDPのおよそ二倍以上という、増税でもかえせない規模の、地球上で超絶した巨大政府借金となり、今日も日々借金は借金を呼び、つみあげている。

これらの日本の致命的問題性は、半世紀余にわたる《官僚内閣制》型の自民党長期政権が「無責任」にもつくりだしていたのである。しかも、官僚自体も、この事態に責任をとろうとはせず、身分特権の解消、余剰人員の削減、また地方支分局・外郭組織の整理、ついで天下りの廃止をはじめとする、その改革構想すら自ら提言できず、ひたすら劣化・腐敗するという、中進国状況にとどまる。そこには、また、マスコミも、取材が縦割省庁などでの記者クラブ依存のため、また

〔78〕

そのIT依存もあって、マクロにおける日本の「歴史・構造」の再構築に迫れず、逆に、日々の官僚内閣制への逆行＋幻惑ポピュリズムへの競争にはげむというのが実状となる。

日本は今日、〈進歩と発展〉の時代は終わって、ついに〈没落と焦燥〉の時代に沈んでいく、という予感をもつ事態にはいっている。はたして、日本は北欧など「小国モデル」が提起するような自治・分権型の「成熟と洗練」にむけての《転型》ができるだろうか。

もちろん、日本を運命共同体とみなしていた、これまでの閉鎖国家時代とは異って、日本人とは今日では日本国籍人にすぎないため、私たちはひろく地球規模で活躍する市民になっていけばよいのである。若いS君も私との年齢差の分だけ、日本の実状をきびしく批判する。

たしかに日本の敗戦は、ドイツの敗戦での連合国の直接統治とは異なって、アメリカ占領軍による間接統治のため、明治国家型官僚組織が今日ものこっていく反面、一時は、過酷な稲作文化の「一所」懸命にともなう、企業単位での勤勉を反映して、アメリカにつぐ世界第二位のGDP大国となった。だが、二〇〇〇年代、この日本の官僚組織、また企業忠誠も転型期にはいるとともに、今後は、中国のみならず、インド、ロシアなど大陸国が、当然、経済の量としてのGDPでは日本をおいぬいていく。またEUとしてまとまりがつづけばEUのGDPも、当然おおきい。もちろん、市民生活の質からみれば、あらためて個人一人あたりのGDPが問題となるが、日本

〔78〕

よりたかい小国がすでに数々あることも、また周知である。

ストックで考えるとき、さらに問題がくわわる。というのは、地震や過湿という背景もあるが、日本の都市をみればわかるように、いずれも短期しかもたない、コンクリート造のまじる木造のスラム状態では、古代、中世、近代と石造の歴史をつみあげてきた国々にはかなわない。

とすれば、新しい文脈で、以上の論点を基本において、《日本再構築》を構想する必要がある。かつて、日本でも、一九七〇年代だったか、私のシビル・ミニマム論に対抗して幸福度指数をいじった官僚たちがいたが、うまくいかずにやめていった。むしろ、私たちは幻影としての「幸福度」ではなく、ここでみたような社会・経済・文化についてのストックをめぐる、日本の〈歴史・構造〉を考えたい。

日本の私たち市民は、長期にみて、生活の質をかたちづくる〈ゆたかさ〉としての「成熟と洗練」を、時間はかかるのだが、自然景観、文化熟度、市民福祉、つまり社会ストックとして、戦略的にかたちづくっていくべきだというのが、S君の持論である。

半世紀以上かかったのだが、「自治体」という市民の言葉が、「地方公共団体」という官僚用語を追いだし、また「市民自治」といった言葉もつかわれはじめていることをみれば、日本もようやく変わるという希望もふくらむ。後・中進国型の官僚用語も、今後の立法改革のなかで、国会

〔78〕

が順次なおしていけばよい。

二〇〇〇年代にはいってようやく、日本の市民たちは、〈外見〉にすぎなかった、自民党官僚内閣制型のいわゆる「戦後民主主義」をのりこえはじめ、今後、政権交代を幾回かつづけていくとき、時間がかかろうとも、市民としての《成熟・洗練》にむけて、自覚・覚悟をもちうるのではないかと、私は考えはじめている。S君は日本の市民たちのマス化の急進のなかで、この私の考え方には、なお慎重である。

日本の私たち市民は、地球規模での都市型社会の成立のなかで、日本の政治・行政あるいは経済・文化は、すでに《分権化・国際化》の段階にはいったという「自覚」すら、まだ成熟させていない。明治以来の、そして自民党政権が戦後うけついだ国家観念ないし国家統治という、〈閉鎖国家〉型の考え方に惑溺する時代がすでに終っていることは、たしかである。日本の市民は《市民活動》の熟成、《自治体改革》の展開、《国会内閣制》の構築のなかで、市民個々人が多元・重層のチャンスをもつ《市民政治》の時代をつくりうるのだろうか。

私たち日本の市民は、くりかえしのべたように、後進国型の「進歩と発展」への幻想は終わって、「没落と焦燥」か、「成熟と洗練」か、という岐路にたっている。

【著者略歴】
松下　圭一（まつした・けいいち）
法政大学名誉教授
1929年生まれ。元日本政治学会理事長、元日本公共政策学会会長
【主著】「市民政治理論の形成」（岩波書店）、「現代政治の条件」（中央公論社）、「シビル・ミニマムの思想」（東大出版会）［毎日出版文化賞］、「市民参加」（編著）（東洋経済新報社）［吉野作造賞］、「政策型思考と政治」（東大出版会）［東畑精一賞］、また、「都市政策を考える」、「市民自治の憲法理論」、「日本の自治・分権」、「政治・行政の考え方」、「自治体は変わるか」（いずれも岩波新書）、「社会教育の終焉［新版］」、「自治体再構築」（いずれも公人の友社）など多数
回想録に「現代政治＊発想と回想」二〇〇六年、「自治体改革＊歴史と対話」二〇一〇年（いずれも法政大学出版局）

成熟と洗練＊日本再構築ノート

2012年8月27日　第1版第1刷発行
著　者　松下　圭一
発行者　武内　英晴
発行所　公人の友社
〒120-0002 東京都文京区小石川5-26-8
電話 03-3811-5701　FAX 03-3811-5795
メールアドレス info@koujinnotomo.com
印刷所　倉敷印刷株式会社
装　画　松下　黄沙
装　幀　株式会社タウハウス